சிந்துஜன் வரதராஜா
(Sinthujan Varatharajah)
(Moshtari Hilal) مشتری هلال

Hierarchien der Solidarität
Hierarchies of Solidarity

சிந்துஜன் வரதராஜா
(Sinthujan Varatharajah)
(Moshtari Hilal) مشتری هلال

Vorwort

Hierarchien der Solidarität erscheint nach *Englisch in Berlin* (September 2022) als unser zweites gemeinsames Buch beim unabhängigen Berliner Verlag Wirklichkeit Books. Beide Publikationen beruhen auf Verschriftlichungen von Gesprächen, die wir Anfang 2021 digital auf Instagram-Live geführt haben und die später in erweiterter und überarbeiteter Form als Bücher verlegt wurden. In der Bearbeitung der ursprünglichen Gespräche haben wir versucht, die Qualität des spontanen und direkten Austausches zwischen Freund*innen aufrechtzuerhalten und uns zusätzlich dafür entschieden, Struktur und Inhalt zugunsten der Lesbarkeit und der Aktualität anzupassen. Das vorliegende Gespräch ist damit nicht mehr deckungsgleich mit dem Inhalt der Originalaufnahme von vor fast vier Jahren.

Solidarität und das Nachdenken darüber sind für uns nicht statisch, sondern unterliegen einem lebendigen Prozess. Wir möchten das Hinterfragen und Überarbeiten unserer eigenen Gedanken transparent kommunizieren, weil dieser Prozess notwendig ist, um einem intellektuellen Stillstand entgegenzuwirken. Das erfordert ständige Selbstkritik und kontextuelle Reflexion – denn Zeitpunkt und Ort formen unser Handeln, unser Zuhören und unser Verstehen auf zentrale Art und Weise. Dabei hoffen wir, dass dieser Prozess auch nach Abdruck und Veröffentlichung des Textes in der Rezeption von seinen Leser*innen und Kritiker*innen fortgeführt werden kann. Es liegt in unserem Interesse, dass die Autorität des Textes in Frage gestellt wird und seine Widersprüche zum kritischen Streiten im Sinne einer gerechteren und solidarischen Welt anregen sollen. Mit der Publikation machen wir uns als Sprecher*innen angreifbar und entblößen mit der eigenen Auseinandersetzung auch die

eigenen Widersprüche. *Hierarchien der Solidarität* soll
als ein solidarisches und gemeinsames Reflektieren über
die Art und Weise verstanden werden, wie wir in Echtzeit die Debatten um uns herum wahrnehmen, verstehen
und uns darin situieren. Dabei beobachten wir unterschiedliche Tendenzen, zum Beispiel solche der Abgrenzung, des Wegsehens, der Orientierungslosigkeit, der
Ohnmacht und der Hierarchisierung von Solidarität.

Unsere Gesprächsreihe ist nicht nur der Versuch eines
dezentralen und horizontalen Austausches, sondern auch
ein Experiment im kollektiven Schreiben. *Hierarchien
der Solidarität* wurde parallel in einem Textdokument
bearbeitet, während wir simultan über Video-Call aus
Berlin und Hamburg miteinander verbunden waren, um
in Echtzeit gemeinsam zu diskutieren, zu reflektieren
und zu schreiben. Diese Art der Kommunikation er-
laubte es uns, im Schreiben selbst das solidarische Miteinander anzuwenden, gegenseitig Gedanken zu schärfen,
zu hinterfragen oder zu Ende zu führen.

Wir verstehen *Hierarchien der Solidarität* als Teil
einer linken Verhandlung von Solidaritäten im Kontext
digitaler Diskurse und Mobilisierungsstrategien. Unser
Gespräch ist eine konzentrierte und persönliche Beobachtung der eigenen Realität sowie eine soziokulturelle
Untersuchung von diasporischen Netzwerken in unterschiedlichen kolonialen Metropolen. Im Zentrum dieses
Buches steht die Medienkritik, die sich vor allem mit
der Darstellung und dem Ausdruck von Solidarität in
imperialen Sprachen auf sozialen Medien befasst. Für
uns sind Online und Offline keine binären Entitäten,
wie sie oft dargestellt werden, sondern sie bedingen sich
gegenseitig und stehen zueinander in einer Beziehung.
So ist ein Boykottaufruf im Digitalen heute nicht weniger
relevant als das Organisieren von Streiks auf der Straße.
Im Gegenteil, das Internet ist eine sehr wichtige Schnitt-
stelle, gerade für unterdrückte, kolonialisierte und

staatenlose Bevölkerungen, denen im Analogen der gemeinsame Boden entzogen wurde und wird. Entsprechend verstehen wir den digitalen Raum als Teil einer solidarischen Widerstandspraxis und Erweiterung der analogen Landschaft. So sind Live-Formate, Chat-Foren oder Online-Datenbanken alternative Öffentlichkeiten, die wir gemeinsam aufbauen und bespielen, deren Co-Architekt*innen wir sein können.

Der ursprüngliche Anlass des Live-Gesprächs waren die israelischen Bombardierungen von Gaza 2021, damit zusammenhängende Demonstrationen und Solidaritätsbekundungen in Deutschland sowie die Rezeption dieser politischen Ereignisse innerhalb der deutschsprachigen sozialen Medien. Uns interessierten vor allem die politischen Konflikte zwischen unterschiedlichen diasporischen Gruppen, die räumlich innerhalb dieser Antikriegsdemonstrationen aufeinandertrafen. So zum Beispiel, wenn auf diesen palästinensischen Demonstrationen türkische Rechte den kurdischen und armenischen Teilnehmenden ihre Flaggen aus der Hand rissen oder wenn sahrauische Aktivist*innen sich aufgrund marokkanischer Nationalflaggen nicht sicher fühlten. Das eröffnete ein Dilemma für die palästinensischen Organisator*innen der Proteste: Plötzlich sahen sie sich nicht nur in der Position, sich um ihr eigenes Anliegen zu sorgen, sondern auch in der Verantwortung, einen Umgang mit den vielen anderen kolonialen Konflikten zu finden, die sich auf ihren Demonstrationen in Berlin und anderen Städten trafen. Hier zeigte sich der geläufige Spruch „Progressive except Palestine" in seiner zynischen Umkehrung, „Progressive only for Palestine": Für jene türkischen oder marokkanischen Nationalist*innen, die das Selbstbestimmungsrecht kurdischer oder sahrauischer Menschen in ihren Heimatländern ablehnen, scheint der Einsatz für die Rechte Anderer nur im Falle Palästinas zu gelten. Auf der anderen Seite schließen viele Deutsche gezielt Palästinenser*innen aus ihrer vermeintlich progressiven Politik aus und verweigern ihnen ihre Grundrechte – ein Umstand, der sich zusätzlich dadurch verschärft, dass ebenjene von der palästinensischen Diaspora organisierten Demonstrationen regelmäßig zu Schauplätzen außerordentlicher Repressionen durch den deutschen Staat werden. Dessen Zensurpolitik und die damit verbundene Polizeigewalt wurden bereits von internationalen Menschenrechtsorganisationen kritisiert und als gefährliches Symptom rechter und autoritärer Tendenzen der Bundesrepublik gewertet, weil sie die konstitutionellen Grundrechte der Meinungsfreiheit und des Demonstrationsrechts missachten.

Innerhalb dieser Machtbeziehungen ist zu beobachten, wie immer wieder sogenannte Minderheiten und ihre Erfahrungen bewusst gegeneinander ausgespielt werden, was sie in ein hierarchisches und antagonistisches Verhältnis zueinander zwingt. Sie werden dazu gedrängt, untereinander um Ressourcen wie die der Aufmerksamkeit, Anerkennung und Unterstützung der Machthabenden zu konkurrieren. Dabei entsteht auch der täuschende Eindruck, dass eine vermeintliche Sichtbarkeit innerhalb der imperialen Medien und ihren Öffentlichkeiten der Beginn einer politischen oder humanistischen Rettung sei. Im vorliegenden Buch wollen wir diese Hierarchien beschreiben und die Auseinandersetzung damit nicht weiter auf ein imaginäres *Danach* aufschieben. Es gibt keinen richtigen Zeitpunkt, um sich den Widersprüchen der Solidaritätspolitik zu stellen, im Gegenteil: Ihre strategische Unausgesprochenheit hat eine zersetzende Wirkung, von der die mehrfach marginalisierten und unsichtbar gemachten Gruppen unter uns am stärksten betroffen sind. Das Aussprechen und Diskutieren jener Dynamiken ist das unumgängliche Fundament für politisches Vertrauen und solidarisches Handeln.

Hierarchien der Solidarität

„Borders (What's up with that?)
Politics (What's up with that?)
Police shots (What's up with that?)
Identities (What's up with that?)
Your privilege (What's up with that?)
Broke people (What's up with that?)
Boat people (What's up with that?)
The realness (What's up with that?)
The new world (What's up with that?)"

M.I.A., *Borders*, 2015

Moshtari: Also, Solidarität, *what's up with that*?

Sinthujan: Sehr viel anscheinend! Uns beschäftigt die Frage der Solidarität ja schon länger. Uns interessiert, wie mit dem Begriff und der Praxis der Solidarität in unseren Öffentlichkeiten – im sogenannten Globalen Norden, also den kolonialen Metropolen und insbesondere in Deutschland – umgegangen wird.

> M: Ja, das ist mir auch wichtig zu betonen: Wir sprechen über *unsere* Öffentlichkeiten. Uns geht es um die sichtbaren und unsichtbaren Dynamiken in den öffentlichen Medien, in den sozialen Netzwerken und in den physischen Räumen untereinander. Mich interessiert zum Beispiel, wie und wann Menschen aus dem Kulturbereich oder dem Aktivismus sich für oder gegen einen Ausdruck von Solidarität entscheiden. Und wie sich der deutsche Staat und seine öffentlichen Institutionen zu bestimmten Formen der Solidarität verhalten.

S: Unsere Beobachtungen sind natürlich subjektiv und selektiv. Dennoch denke ich, dass sie als Hinweise für weitreichende gesellschaftliche Muster dienen können und uns dabei helfen, ein besseres Verständnis darüber zu erlangen, wie, wann, wo, von wem und weshalb Solidarität praktiziert oder verneint wird.

M: Ich möchte aber nicht nur mein Umfeld beobachten, sondern auch mein eigenes Verhalten reflektieren: Worin besteht *mein* solidarisches Handeln und vielleicht auch, was hält mich in manchen Situationen von einem Ausdruck der Solidarität ab? Manchmal wird man* den Erwartungshaltungen der anderen eben gerecht und manchmal nicht. Was hältst du von dem Satz „Solidarität ist keine Einbahnstraße“?

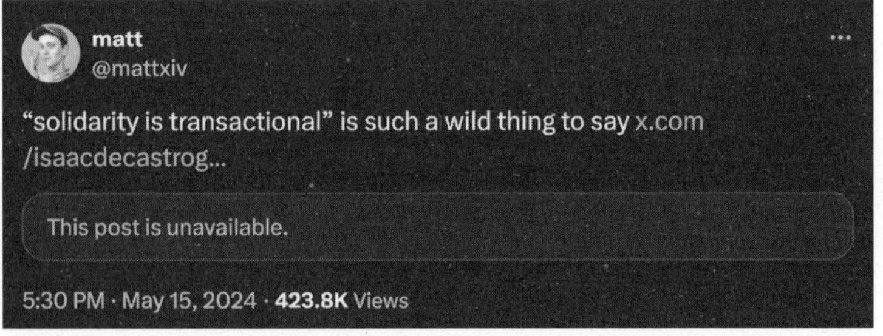

S: Hm. Es gibt ja dieses oft verwendete Zitat, das von Che Guevara stammen soll, in dem Solidarität als die „Zärtlichkeit der Völker“ beschrieben wird. Sozialistische Staaten haben damit ihre gegenseitige Bruderschaft beschworen. Ich denke auch, dass Solidarität unter Völkern eine Form der Zuneigung sein kann, also ein Ausdruck der Fürsorge und ein Bemühen um gegenseitiges Wohlbefinden. Und dieses Bemühen sollte auf Gegenseitigkeit beruhen.

M: Bemühen. Das ist ein so schönes Wort für das,
was auch ich unter Solidarität verstehe. Nicht
ein Zustand, keine Institution, sondern eine Praxis:
ein Versuch, ein Streben, aber auch eine Bereit-
schaft zur Gegenseitigkeit.

S: Ja! Einseitiges Bemühen ist etwas anderes als
Solidarität. Das heißt nicht, dass Solidarität
eine reine Transaktion ist, wie manchmal abfällig
behauptet wird. Gerade wenn man* auf den politischen Umgang zwischen größeren Gruppierungen
wie etwa Staaten blickt: Das Transaktionsverhält-
nis ist dabei zwar ein wichtiger Aspekt, aber die
Forderung nach Gegenseitigkeit kann nicht auf
ein geschäftliches Verhältnis reduziert werden. Ich
sehe die Gegenseitigkeit eher als eine Form der
ebenbürtigen Anerkennung und gleichberechtigten
Zusammenarbeit. Solidarität muss nicht selbstlos
sein, sie soll auch keine Charity sein. Solidarität
kann eine realpolitische Motivation haben, die auf
geteilten Interessen beruht, aber eben auch auf
geteilten Werten.

M: Solidarität ist keine Wohltat oder selbstlose
Hilfe für die Unterdrückten, sondern historisch
vor allem etwas, das die Unterdrückten selbst
miteinander geteilt haben. Um deinen Gedanken
aufzugreifen: Ebenbürtigkeit und Gegenseitigkeit
im Kampf für ein gemeinsames Wohlbefinden
sind die Grundlage für Solidarität. Mir gefällt es
überhaupt nicht, wie manchmal Solidarität ein-
gefordert wird, moralisch aufgeladen und kon-
trollierend, als handele es sich um Almosen oder
eine offene Schuld. Unter Solidarität verstehe

ich etwas anderes, nämlich ein Bemühen, das
freiwillig, eigenständig und auf Augenhöhe
stattfinden muss. Wir sollten diese politische
Praxis nicht mit Frömmigkeit oder Tugend-
haftigkeit verwechseln, die sich durch Moral
Panicking oder Shaming disziplinieren lässt.

S: Solidarität kann ihre Bedeutung nicht entfalten,
wenn sie, wie du schon sagtest, erzwungen oder
fremdgesteuert ist. Sie muss sich selbstständig und
aus einer gesellschaftlichen Notwendigkeit herausbilden. Per Definition umschreibt Solidarität ein
Verhältnis und eine Beziehung miteinander, zueinander und füreinander, die der konstanten Pflege
und Neuaushandlung bedarf – die also Arbeit bedeutet. Solidarität erlaubt für mich keinen Stillstand
und auch keinen Komfort. Sie lebt und wirkt in der
sogenannten Gegenwart und sollte uns allen dabei
helfen, ein anderes Morgen zu imaginieren und
in Richtung einer gemeinsamen Zukunft zu streben.

M: Oh, sieh mal, ich habe gerade parallel nach
dem Wortursprung von Solidarität gesucht
und bin auf Folgendes gestoßen: Solidarität soll
vom lateinischen Adjektiv „solidus" kommen
und „gediegen, echt, fest" bedeuten. Laut der
Website des Deutschen Gewerkschaftsbundes
stammt die Idee der Solidarität aus der sogenannten Antike und beschreibt in diesem Kontext
als *Obligatio in solidum* zwar ein Schuldverhält-
nis, sie bekommt ihre aktuelle Bedeutung aber
erst durch die Arbeiter*innenbewegung im
19. Jahrhundert. Ist das nicht interessant, wie
diese Begriffsgeschichte bereits das Spannungs-

verhältnis zwischen den zwei Wortbedeutungen
um Solidarität zusammenfasst: Die bindende
Verpflichtung zwischen Gemeinschaft und Indivi-
duum auf der einen und die gemeinschaftliche
Bewegung für ein gemeinsames Anliegen auf der
anderen Seite?

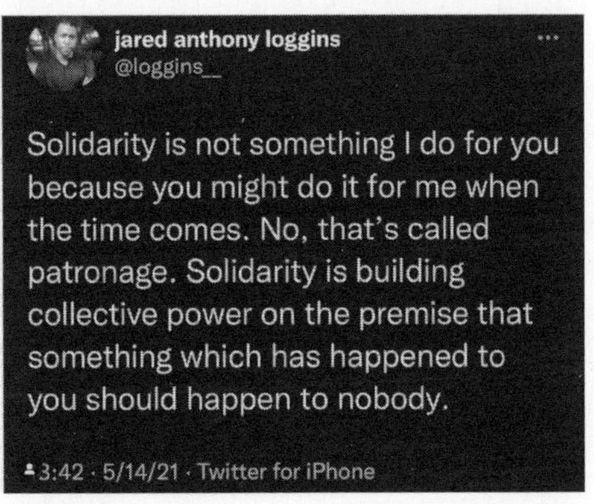

S: Hm, Solidarität wird ja heute von vielen verschiedenen Gruppen für unterschiedliche Zwecke verwendet oder interpretiert. Staaten tun das anders
als antikoloniale Befreiungsbewegungen, Betriebs-
leitungen anders als Gewerkschaften.

Ich kannte den etymologischen Ursprung des
europäischen Begriffs bislang nicht. Mich interessiert aber auch mehr, was wir aus der Praxis
bereits über Solidarität wissen, jenseits irgend-
welcher lateinischen Ursprünge und europäischer
Referenzen. In Tamil verwenden wir zum Beispiel
den Begriff ஒற்றுமை (orrumai), das lässt sich als
Einheit, Zusammenhalt, Gemeinsamkeit übersetzen

und lebt innerhalb der tamilischen Sprachräume
nach eigenen Regeln, die nicht auf europäischen
Geschichten und Verständnissen ruhen.

M: Solidarität jenseits des Lateinischen, haha.
Finde ich gut. Auf Farsi wäre es همبستگی
(Hambastagi) und kann so ähnlich übersetzt
werden, Einheit oder Zusammenhalt. Es gab
sogar mal eine antiimperialistische und feministische Partei Anfang der 2000er, die sich so
genannt hat. Also ja, letztendlich entsteht die
Bedeutung in der Handlung und darin kann
sie sich auch verändern. Daran anknüpfend, finde
ich, dass wir in unseren Kreisen das Verständnis
von Solidarität bereits stark verkürzen. Wir
betrachten hauptsächlich die symbolischen Ausdrucksformen in den sozialen Medien, also
das Posten, Liken und Teilen von Inhalten und
Statements. Solidarität wird dann zum einmaligen
und punktuellen Rauchzeichen, das schnell
verfliegt. Wie hat Solidarität für dich vor den
sozialen Medien ausgesehen?

S: Wenn wir heute von Social Media sprechen,
dann meinen wir genau genommen eigentlich nur
spezifische Plattformen und Chatforen, die sich
erst ab Mitte der 2000er Jahre gebildet haben:
von Reddit über Facebook, Youtube, Twitter
bis Instagram, Snapchat, Telegram oder Tiktok.
Ich weiß gar nicht, ob sich die Ausdrücke der
Solidarität vor diesen Plattformen inhaltlich unbedingt so stark von heutigen unterschieden haben.
Was anders war, war vielmehr die Form, die durch
die damaligen Kommunikationswege bestimmt

und beschränkt war. Die Wege, über die man* sich informieren, betrachten und austauschen konnte, waren viel zentralisierter und formeller als unsere heutigen Möglichkeiten. Wie war das bei dir?

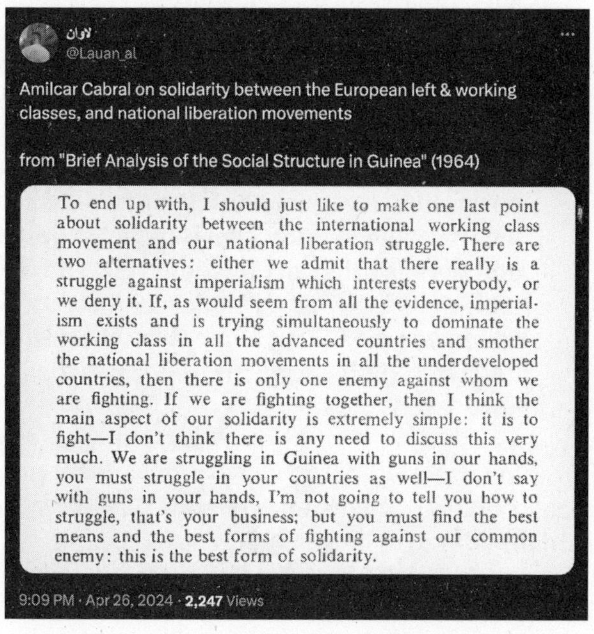

M: Lass mich überlegen, ich bin ja etwas jünger als du. Meine politische Praxis begann eigentlich parallel zum Aufkommen dieser sozialen Medien. Meine Solidarität drückte sich entsprechend darin aus, mich proaktiv zu informieren und durch das Internet über Dinge zu lernen, mit denen ich jenseits von Stundenplänen und staatlichem Fernsehen nur durch die dezentralisierte Struktur des Internets in Kontakt kam. Das waren unabhängige Informationskanäle ebenso wie direkte parasoziale Beziehungen zu Aktivist*innen auf Instagram, Facebook und Twitter, denen ich wortwörtlich folgte, um so über die Proteste zu lernen, über die sie mich informierten. Dadurch, dass ich englisch spreche, konnte ich jedem Menschen egal wo zuhören, der versucht hat, auf Englisch zur Welt zu sprechen. So habe ich ja auch dich gefunden und viele meiner Freund*innen und späteren Arbeitskolleg*innen – durch ihre Stimmen, Kommentare und Veranstaltungen, die mir online begegnet sind. Deine politischen Kommentare haben mich zum Beispiel begeistert und herausgefordert und ich wollte dich deshalb treffen. Wir haben dann durch unsere Kindheitserfahrungen im deutschen Asylsystem gebondet und eine solidarische Freund*innenschaft daraus entwickelt.

S: Ich erinnere mich an unser erstes Treffen im Frühjahr 2016. Du hattest mich auf Facebook angeschrieben und ich sah in unserer Begegnung die Möglichkeit, sich gemeinsam politisch zu organisieren. Im Kontext der damaligen Fluchtbewegungen nach Deutschland spürte ich die Notwendigkeit, dass mehr Menschen zusammenkommen müssen, die dieses Asylsystem bereits durchlaufen haben, um seine Gewalt und Lebensfeindlichkeit öffentlichkeitswirksam anzugehen. Du kannst dich bestimmt erinnern, wie sich in jenem „Merkel-Sommer" das Bild der deutschen Willkommenskultur in einer als politischer Ausnahmezustand dargestellten Situation verbreitete. Dem musste etwas entgegengesetzt werden.

M: Als hätte es uns geflüchtete Kinder aus den
1990ern und davor nie gegeben. Deutschland,
deine Amnesie, haha.

S: Haha, genau! Aber nochmal zurück zur eigent-
lichen Frage, wie Solidarität vor den sozialen Medien
aussah. Meine Politisierung fand kurz davor statt,
das heißt, die Informationsinfrastruktur war rudi-
mentärer, vor allem was linke und nicht-europäische
Perspektiven anging. Ich habe relativ früh ein politisches Bewusstsein entwickelt, obwohl wir lange
isoliert in einem Dorf lebten, in dem es nur eine
kleine katholische Bibliothek gab, die meine Neugier
nicht befriedigen konnte. Ich lernte deshalb früh,
mir Informationen auf anderen Wegen zugänglich
zu machen, zum Beispiel über ausländische Nach-
richtensender, die wir über Satellit empfingen,
oder auf Web-1.0-Seiten und in Chatforen. Letztere
waren auch die Orte, an denen ich politisch Gleich-
gesinnte suchte, deren Werte ich teilte.

Das heißt, auch damals bedeutete Solidarität für
mich vor allem, die Begegnung mit anderen zu
suchen, mich für ihre Realitäten zu interessieren
und mich auf dieser Grundlage für sie politisch einzusetzen. Ich denke, dass diese Art der Begegnung
früher schwieriger war als heute, da sie mit mehr
Arbeit verbunden war. Heute ist vieles einfacher,
dafür läuft es leichter Gefahr, oberflächlicher und
unorganisierter zu sein. Doch unabhängig von
der medialen Struktur bedeutet Politisierung für
mich damals wie heute die Auseinandersetzung mit
den Erfahrungen der negativ Betroffenen unterschiedlicher Geschichten, also das Wahrnehmen und
Anerkennen des Leidens und Kämpfens Anderer.

M: Im Kontext der sozialen Medien, wenn Solidarität sich nur in symbolischer oder ästhetischer Form äußert, wird manchmal der Vorwurf der Selbstinszenierung laut. Ich verstehe diesen Vorwurf, finde ihn aber manchmal auch unfair. Natürlich ist diese Form der solidarischen Beteiligung, wie du sagst, flüchtiger, womöglich uninformierter, aber oft eben auch gut gemeint und trotz der Oberflächlichkeit folgenreich. Ich denke nicht, dass populistische oder symbolische Solidarität im Widerspruch zu organisierten Formen steht. Das eine kann zum anderen führen und sich gegenseitig begünstigen.

S: Ich glaube auch nicht, dass die unterschiedlichen Ausdrucksformen im Widerspruch oder Konkurrenzverhältnis zueinander stehen. Wie du sagst, eher bedingen sie sich. Gleichzeitig gibt es all die Negativbeispiele, wie etwa die berühmt-berüchtigten schwarzen Kacheln, die am Dienstag, den 2. Juni 2020 – dem sogenannten Blackout Tuesday – millionenfach auf Instagram geteilt wurden. Der Fall kann uns konstruktiv auf die Grenzen des digitalen Aktivismus hinweisen. Das Posten einer schwarzen Instagram-Kachel wurde damals zu einem digitalen Ausdruck der Betroffenheit über die brutale Ermordung der Schwarzen US-Amerikaner*innen George Floyd, Ahmaud Arbery und Breonna Taylor durch europäischstämmige Polizisten und Bürger*innen sowie der Solidarität mit Schwarzen und afrikanischen Menschen erklärt. Doch das exzessive Hochladen und Teilen dieser schwarzen Kachel – unter den User*innen waren viele Nicht-Schwarze Celebrities und Lifestyle-Influencer*innen – führte zur Blockierung der Timeline und des Hashtags #BLM (Black Lives Matter), also den zentralen Informationskanälen zur Organisation der Proteste. Nach außen konnte die Geste des schwarzen Posts dennoch als ausreichende Handlung der Solidarität mit der Black-Lives-Matter-Bewegung wirken.

Auf dem nächsten Post war dann vielleicht wieder ein Matcha Latte zu sehen, so als wäre damit der Beitrag geleistet. Unter den Teilnehmer*innen der Aktion waren auch große Unternehmen, die darin eine Gelegenheit für eine Selbstvermarktungsstrategie sahen, während sie gleichzeitig bekannt dafür waren, Schwarze Mitarbeit*innen und Bewerber*innen zu diskriminieren.

23

M: Ja, ich stimme da völlig mit dir überein. Die Social-Media-Dimension der Black-Lives-Matter-Proteste ist ein gutes Beispiel für das Potential und die Gefahren von mehrheitsfähigen Aufklärungs-, Agitations- oder Mobilisierungskampagnen. Es gab ja auch den Vorwurf der Veruntreuung von Spendengeldern zum Beispiel im Kontext des Hochstaplers Shaun King. Das ist nicht das erste und nicht das letzte Mal, dass politischer Enthusiasmus und die berechtigte Wut eines Kampfes missbraucht werden. Ich denke, das gehört dazu. Neben jedem unsinnigen Post von irgendwelchen aufgeblasenen Karrierist*innen wird es auch jene Menschen geben, die aus so einer Erfahrung aufgeklärter, radikalisierter und organisierter hervorgehen. Und selbst wenn jeder breite Versuch der Veränderung der Verhältnisse mehrfach strukturell scheitert, wird er trotzdem immer neue kulturelle und soziale Zusammenhänge hinterlassen. Auch wenn struktureller Rassismus und militarisierte Staatsgewalt weiterhin bestehen, war Black Lives Matter für viele augenöffnend. Und wer weiß, wohin einige dieser geöffneten Augen morgen blicken werden?

S: Das erinnert mich daran, dass ich als Kind viele Filme über die Folgen der Apartheid im sogenannten Südafrika und den USA gesehen habe. Der emotionale Zugang zu den betroffenen Schwarzen Menschen und ihren Themen fiel mir als Kind aufgrund unserer ähnlich melaninreichen Haut und dem damit einhergehenden anti-Schwarzen Rassismus in Deutschland leichter. Die Filme überbrückten den Mangel an mir zugänglichen Büchern und haben mein Bewusstsein für die vielen Ungerechtigkeiten gegen afrikanische, Schwarze und andere melaninreiche Menschen tief geprägt, so sehr, dass ich mich in der siebten Klasse dazu bewogen sah, im Englischunterricht ein Referat über die Rassentrennung der Jim-Crow-Gesetze zu halten.

Damals war ich 12 Jahre alt und konnte noch nicht mal den Begriff „racial segregation" auf Englisch richtig aussprechen. Aber die Relevanz dieser

Geschichte war mir in diesem Alter schon wichtiger
als eine saubere Aussprache. Du kannst dir vorstel-
len, wie irritiert meine deutschen Mitschüler*innen
im bayerischen Dorf über meine Themenauswahl
und die von mir vorgetragenen Zeugnisse der betroffenen Schwarzen Menschen waren.

M: Für mich als Kind hatte der britische
Kolonialismus in Indien, von dem ich in Form
eines Gandhi-Biopics aus dem Jahr 1982 mit
Ben Kingsley in der Hauptrolle erfuhr, und die
Geschichte des Nationalsozialismus und der
Shoah in Spielbergs *Schindlers Liste* von 1993
einen ähnlichen Effekt. Ich hatte zwar auch
unsere eigenen Geschichten von Flucht und Krieg
in Afghanistan erzählt bekommen, aber es waren
ironischerweise doch amerikanische Spielfilme,
die mir ein breites Verständnis von den großen
und systemischen Zusammenhängen zwischen
Ungerechtigkeit und Gewalt vermittelt haben.
   Weißt du, ich bin in keinem besonders linken
und aktivistischen familiären Kontext sozialisiert
worden. Ich denke, das war bei dir anders. Ich
kannte das „Gemeinsame" vorrangig durch andere
Gruppenzugehörigkeiten: Loyalität und Vertrauen
innerhalb der Familie, ritualisierte und konfor-
mistische Praktiken der Gemeinschaft innerhalb
einer Konfession, nationale oder anders strukturell
bedingte, emotional aufgeladene Zugehörigkeit,
angefangen beim Klassenzimmer, dem Wohn-
viertel oder eben dem „Vaterland". Für mich war
die Familie und die Solidarität zu ihr in meiner
Erziehung zentral und allem anderen überge-
ordnet. Blut ist dicker und so. Familie über alles.

S: Ich würde sagen, dass meine Familie nicht im konventionellen Sinn politisch links ist. Sie wurde viel eher durch die Verfolgung und Vertreibung unseres Volkes gezwungen, sich politisch für die Rechte und Unabhängigkeit der Eelam-Tamil*innen einzusetzen. Da das nationale Bildungswesen Ceylons sozialistisch geprägt war und die militante tamilische Befreiungsbewegung sich marxistisch verortete, hatten meine Eltern eine bestimmte politische Neigung. Meine Eltern waren zwar überzeugt von der Richtigkeit dieses Kampfes, versuchten aber dennoch, ihre Kinder von der Gewalt fernzuhalten, die unsere Familie ins Exil zwang. Die räumliche Isolation, in die das deutsche Asylsystem uns zwang, half diesem Unterfangen, indem sie uns von der eelam-tamilischen Exilgemeinde in Europa und ihrer politischen Infrastruktur weitgehend trennte. Meine Eltern konnten aber nicht verhindern, dass ich mich schon früh für die politischen Geschehnisse in der Welt zu interessieren begann. Als ich mich in meiner Jugend dann näher mit unserer Unterdrückungs-geschichte zu befassen begann, stolperte ich schnell über historische Bezüge, Gemeinsamkeiten und aktive politische Kollaborationen unseres Wider-standes mit anderen Befreiungsbewegungen, ob mit der eritreischen, südsudanesischen, kurdischen oder palästinensischen. Die Anerkennung dieses ver-meintlich geteilten Leids und gemeinsamen Kampfes, etwa in Form von Solidaritätsbriefen oder Presse-mitteilungen, die eine antikoloniale Internationale beschworen, ließ mich früh ein Bewusstsein dafür entwickeln, in welcher globalen Beziehung unser Kampf steht, mit wem wir und wer mit uns in Soli-darität stand. Mandela und der von ihm geführte südafrikanische ANC (African National Congress) waren nur ein berühmtes Beispiel unter vielen.

தமிழீழ விடுதலைப் புலிகள்

Liberation Tigers of Tamil Eelam

Greetings from the Liberation Tigers of Tamil Eelam to the Palestinian People

Dear Comrades,

At this crucial and critical moment in the history of the Palestinian struggle for self-determination, we, the Liberation Tigers of Tamil Eelam, on behalf of the people of Tamil Eelam, wish to extend our solidarity, support and friendship to the determined and heroic struggle of the people of Palestine.

The subversive hands of Zionism and Imperialism are stretched all over the world. We, the peoples of Tamil Eelam and Palestine face the common enemy and have a common cause. A determined revolutionary war is being waged in several fronts of the world against the Zionists, Imperialists and Racists. The National Liberation struggles of the peoples of Tamil Eelam and Palestine are an integral part of this International War against the evil forces of Zionism, Imperialism and Racism.

We assure you, Comrades that we will fight against these Zionists and Imperialists all over the world until this barbarism is completely eliminated from the face of the earth.

Greater co-operation and co-ordination between the people of Tamil Eelam and the people of Palestine will be an effective force to eradicate the menace of Zionism, Imperialism and Racism. We should take constructive steps to forge unity and solidarity in our joint struggle against these global forces of reaction and subversion.

We the LTTE & the people of Tamil Eelam express our unequivocal solidarity and friendship to the people of Palestine in their gravest and bravest struggle against Zionism and Imperialism.

Long live the Solidarity and friendship between the peoples of Palastine and Tamil Eelam.

Political Committee,
Liberation Tigers of Tamil Eelam.

28

M: Sozialistische, antiimperiale, antikoloniale oder feministische Solidaritätsbegriffe begegneten mir eher später im Leben. Im Studium stieß ich auf Ideen des Internationalismus, der Kamerad*innenschaft, Genoss*innenschaft und andere Formen des „Gemeinsamen" und wie bei vielen Studierenden politisierten mich diese Begegnungen. Bis dahin unterschied sich mein Verständnis von Geschichte, ihren Figuren und politischen Bewegungen von besonders linksrevolutionären Erzählungen der Welt. Als Kind kannte ich Gandhi, aber nicht Sankara, ich erfuhr von Martin Luther King, aber nicht von den Black Panthers. Gerade im Vergleich unserer Erfahrungen zeigt sich doch erneut, wie essentiell Sozialisierung und Identität die Ausrichtung von Aufmerksamkeit und damit Solidarität bestimmen. Welche politischen Geschichten und Bewegungen werden der Allgemeinheit vermittelt und warum? Und welche politischen Geschichten und Bewegungen werden fast ausschließlich von den Menschen erinnert, die direkt betroffen sind? Sind es nicht historisch vor allem antikoloniale und sozialistische Traditionen, die ihre solidarischen Beziehungen zueinander artikulieren und pflegen? Auch unter Zwang, wie im Fall sowjetischer Besatzungen.

S: Du hast Recht. Als der kurdische politische Führer Abdullah Öcalan 1999 in Nairobi verhaftet wurde, war ich 13 Jahre alt und mir der Bedeutung seiner Auslieferung nach Ankara für die kurdische Bewegung bewusst. Und ich wusste auch, was seine Verhaftung für uns bedeutete und wie wichtig es war, als Eelam-Tamil*innen dagegen zu protestieren, denn wir teilten die Erfahrung der staatlichen und globalen

Repression mit den Kurd*innen. Da bei uns zu Hause
ständig tamilische und englischsprachige Nachrichten liefen, in denen wir nach Berichterstattungen
über den Krieg-Völkermord in Eelam suchten, bekam
ich früh ein Gefühl für die vielen Konflikte und das
Unrecht in dieser Welt, den Schmerz, den wir mit
anderen teilen.

Die Informationsinfrastruktur war damals jedoch
für unterdrückte Bevölkerungen viel schwieriger
zu navigieren, da das Nachrichtenmonopol hauptsächlich bei staatlichen oder privatunternehme-
rischen Informationsportalen lag. Das ist wichtig zu
bedenken, denn es bedeutete, dass der Informationsfluss und damit die Möglichkeit des Bezeugens
und Widersetzens nur mit größeren zeitlichen Ver-
schiebungen stattfinden konnten – im Gegensatz
zu heute, einer Zeit, in der sich die Temporalitäten
aufgrund der digitalen Infrastruktur so grundsätzlich geändert haben. Gleichzeitig darf natürlich
nicht vergessen werden, dass auch die sogenannten
Sozialen Medien private und profitorientierte
Unternehmen sind, die staatlichen Regulationen
und Interventionen unterliegen können, die den
digitalen, vermeintlich selbstorganisierten Raum
mehr und mehr gewaltsam der nationalstaatlichen
Organisation des analogen Raums angleichen.

M: Ja, die dominanten digitalen Netzwerke setzen
sich größtenteils aus einzelnen unternehme-
rischen Monopolen zusammen. Diese Privatunternehmen werden immer politischer in ihrem
Handeln. Manchmal verhalten sie sich fast wie
eigenständige Staaten, die ihre Interessen um
jeden Preis durchsetzen wollen und können. Dass
zum Beispiel Meta oder Elon Musks Firmen
maßgeblich in demokratische Prozesse eingreifen
und Interessen durchsetzen, die sogar im Konflikt
mit nationalem oder internationalem Recht
stehen, ist schon lange kein Geheimnis mehr.
Diese Plattformen sind jedoch oft die einzigen
Kommunikationswege von Aktivist*innen,
Journalist*innen oder Betroffenen des Konflikts.

Was bedeutet es also für diese Bewegungen
und ihre Aufklärungsarbeit, wenn Meta alle
Inhalte auf seinen Plattformen moderieren und
kontrollieren kann? Die Richtlinien sind da öft
intransparent und es gibt wenig Mitspracherecht.
Mittlerweile berichtet selbst Human Rights
Watch von der Diskriminierung und Unterdrückung pro-palästinensischer Stimmen auf
Instagram und Facebook und beklagt hier eine
systematische Zensur.

Der ehemalige griechische Wirtschaftsminister
Yanis Varoufakis beschreibt in seinem Buch
Technofeudalismus (2024), wie der Kapitalismus
des 21. Jahrhunderts durch ein neues Ausbeutungs-
system ersetzt wurde, in dem die Eigen-
tümer*innen von Big-Tech-Unternehmen wie
Feudalherren agieren. Ihre gigantischen Privatunternehmen sind riesige Überwachungs-
plattformen und Datensammlungen und machen
heute einen so großen Teil des wirtschaftlichen
Wachstums aus, dass nur noch sehr wenige
Beziehungen zu klassischen Arbeitnehmer*innen
und Bürger*innen bestehen, wie wir sie etwa aus
der Zeit der Industrialisierung kennen. Dadurch
verringert sich unser Organisationsspielraum,
gemeinsam politische Forderungen zu stellen.
Unter dem Begriff *Digitaler Kolonialismus* lässt
sich eine ähnliche Kritik an der wachsenden
Macht dieser Konzerne beobachten und wie sie
den sogenannten Globalen Süden und seine
Rohstoffe untereinander aufteilen. Manchmal
hört man davon ja auch in den Nachrichten, wenn
etwa über die desaströsen Bedingungen des
Kobaltabbaus in der Demokratischen Republik
Kongo berichtet wird, eines Rohstoffs, der für die
Herstellung der Produkte des Big-Tech-Zeitalters

gebraucht wird. Als Reaktion darauf hat die Menschenrechtsorganisation International Rights Advocates eine Klage im Namen der kongolesischen Familien von verstorbenen oder verletzten Minenarbeiter*innen gezielt in den sogenannten USA eingereicht, um die beteiligten US-Unternehmen zur Verantwortung zu zwingen.

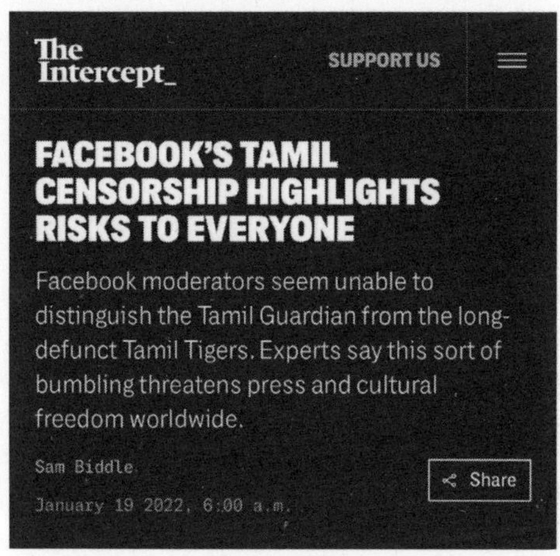

S: Digitale Räume sind keineswegs autonome Räume. Mit ähnlichen Zensurmechanismen haben wir Eelam-Tamil*innen bereits seit Jahren zu kämpfen. Und die Zuspitzung dieses Problems durch die Monopolisierung der Privatunternehmen betrifft auch andere Befreiungsbewegungen, etwa die im Karen-Staat oder in Rojava. Manchmal werden ganze Websites verboten, private Profile gesperrt, Symbole geflaggt, Hashtags ausgeblendet oder das gesamte Internet an einem Ort blockiert.

Doch so systematisch diese repressiven Maßnahmen sind, so willkürlich wirken sie häufig, und so schwer ist es, sie nachzuweisen.

Sichtbarkeiten wie Unsichtbarkeiten werden produziert und verwaltet; sie sind nicht das Resultat einer natürlichen Bedingung. Seitdem Facebook seine sogenannten Community Guidelines 2017 geändert hat – interessant, dass Überwachung hier unter dem sozialen Begriff „Community" eingeführt wird –, nahm die Zensur zu, die häufig durch outgesourcte und ausgebeutete Arbeiter*innen im sogenannten Globalen Süden durchgeführt wird. Die digitalen Techniken des Überwachens reifen mit der Zeit, sie verändern sich und werden effizienter. Während die Zensur früher manchmal erst Tage später einsetzte, verhindert Instagram heute das Posten eines Bildes oder Videos schon im Vorhinein, sobald bestimmte auffällige Wörter oder Bildsequenzen identifiziert werden. Natürlich wirkt der Zensurapparat bei linken Akteur*innen schneller als bei rechten. Und auch wenn manche dieser Zensurversuche in einem zähen Prozess angefochten werden können, so ist es ein Spiel mit der Zeit, bei dem Aktivist*innen meistens gegen die Firmen und ihre politischen Entscheidungen verlieren.

M: Hinzu kommt die Möglichkeit der Manipulation durch externe Einflussnahme, die Diskussionen und Positionen über Nacht zersetzen oder verfremden können. Gab es nicht Anfang 2023 Berichte über diese Firma, die gezielte Manipulationskampagnen als Dienstleistung anbietet? Ich muss das eben kurz nachschlagen. Ja genau, sieh mal hier. Das war eine israelische Firma von ehemaligen Militärs und Agenten, die Wahlen in Kenia und Nigeria manipuliert haben soll. Sie sollen sich weltweit in über 33 nationale Wahlkämpfe und Abstimmungen eingemischt haben, indem sie zum Beispiel verifizierte Nutzerkonten auf Social Media schufen und über Zehntausende Bots auf Facebook, Twitter und Youtube verfügten. Sie warben damit, dass sie nicht nur die öffentliche Meinung beeinflussen können, sondern auch Informationen hacken. Und das ist wahrscheinlich nur ein prominentes Beispiel von vielen solcher Anbieter, die Öffentlichkeit, Aufmerksamkeit und Information systematisch und strategisch bespielen.

 France 24

Facebook accused of inciting ethnic violence in Ethiopia - Focus

Social media can play a complex role during times of war. In Ethiopia, many have criticised Facebook for its alleged role in promoting hate...

31 Jan 2024

S: Also Informationskrieg 2.0! Und trotzdem: Soziale Medien erlauben uns weiterhin eine essentielle Form des Informationsaustausches, die es vorher so nicht gab. Und das in einer Zeit, in der wir mit Schrecken beobachten, wie ein einfaches Like zu autoritären Sanktionen wie Jobverlust, Gefängnisstrafe oder – wie es der neue vom deutschen Bundeskabinett gebilligte Gesetzesentwurf vorsieht – unter dem Vorwand der Terrorverherrlichung sogar zu Abschiebungen führen kann ...

M: Das ist ein absoluter *Orwellian Nightmare! Big Brother is watching us*. Haha. Aber die Umsetzung ist doch auch fragwürdig. Das lässt sich doch nur völlig selektiv, mit Hilfe von gegenseitiger Bespitzelung und bei ausgewählten Personengruppen umsetzen. *Stasi has a Comeback*. Wow, ich habe hier direkt drei Floskeln einbauen können.

S: Ein Rekord! Haha. Bespitzelung ist ja hier Volksexpertise. Abgezielt wird damit natürlich auf die bereits gebrandmarkten Personengruppen, die sowieso im politischen Fokus stehen – häufig rassifizierte und ökonomisch prekäre Menschen …

M: Währenddessen dürfen ihre eigenen Polizist*innen und Verfassungsleute konsequenzlos menschenverachtenden Müll verbreiten, Hauptsache, sie können durch ihr Gewaltmonopol mittellose Geflüchtete und Migrant*innen abschieben.

S: Und trotz dieser Entwicklungen würde ich behaupten, dass der dezentrale Charakter der sozialen Medien uns noch immer Möglichkeiten gibt, die auf diese Art und Weise im Analogen nicht vorhanden sind.

Heute liest man* ja oft, dass es noch nie so viele parallele Konflikte gab wie derzeit. „Die Welt brennt wie nie!“ Doch das ist nur eine Seite der Medaille, denn auch die Art der Zirkulation von Information – und damit unsere Wahrnehmung – hat sich geändert: Dank der relativen Dezentralisierung erreichen uns viel mehr Informationen aus unterschiedlichen

Richtungen gleichzeitig, die uns das Gefühl vermitteln, dass die Welt heute mehr leidet als früher.

Vor den Sozialen Medien gelangten unterdrückte Informationen lediglich über alternative, nicht-staatliche Kanäle, etwa in Form von unabhängigen Printmedien, zu uns. Ich erinnere mich noch genau, wie wir eelam-tamilische Zeitungen aus Paris und London erhielten, deren Nachrichten bei ihrer Ankunft in unserem Briefkasten schon mehr als zwei Monate alt waren. Diese zeitliche Verzerrung verzögerte auch unsere Wut, Trauer und damit unser Agitationspotential gegen die Verbrechen. Ich glaube, dass der zähere Informationsfluss auch unsere Solidaritäten in Verhältnisse zwang, die von räumlichen Proximitäten abhängig waren: Entscheidend war, mit wem man* sich in einem physischen Umfeld befand, in dem man* sich begegnen, austauschen und im besten Fall unterstützen konnte. Geflüchtetenproteste in der BRD in den 1980er Jahren waren deshalb nicht nur Proteste gegen die gewaltvolle Asylpolitik Westdeutschlands, sondern immer auch Proteste gegen die Staaten, die die Exilant*innen überhaupt erst zur Flucht zwangen. Geflüchtete aus unterschiedlichen Kontexten begegneten sich dort, lernten von- und übereinander und organisierten sich daraufhin oft auf Grundlage einer Sensibilität gegenüber den diversen politischen Interessen und Bedürfnissen fernab der BRD.

M: Ist es nicht schwierig, über so etwas wie Solidarität zu sprechen, ohne direkt eine Utopie zu beschreiben, oder zumindest ein Ideal? Viele Formen der Solidarität, von denen wir bis hierhin gesprochen haben, setzen so viel Wissen und

Austausch voraus, ebenso wie die Bedingungen, sich über das Lippenbekenntnis hinaus auch praktisch zu organisieren. Ich denke, dass viele Menschen ignorant gegenüber anderen Lebensrealitäten sind. Entweder unterschätzen sie die Komplexität von Verhältnissen oder sie sind desinteressiert am Leid der Anderen. Und andere sind überwältigt und etwas verloren, da sie sich fragen, wo man* bei all dem Leid beginnen soll. Vielleicht hilft es da, sich an ganz nahbare und greifbare solidarische Momente zu erinnern, die uns erlauben, aus dieser Situation herauszutreten.

S: Da muss ich sofort an meine Grundschulzeit denken. Wir waren damals nur sehr wenige sogenannte *Ausländer* an der Schule und dem Rassismus der deutschen Mitschüler*innen und Lehrer*innen ausgesetzt. Dagegen haben wir uns gegenseitig geschützt. Ich denke auch an die Art und Weise, wie unsere Eltern mit uns in verschiedenen Asyllagern in

Westdeutschland gelebt haben und wie wir dort miteinander umgegangen sind; wie wir uns gegenseitig
geholfen und gemeinsam gegen die strukturellen
Schwierigkeiten gekämpft haben und uns so das
Gefühl gaben, von Wert zu sein – genau das, was uns
die BRD mit ihrem Asylsystem systematisch abzu-
sprechen versuchte. Das sind für mich praktische
und alltägliche Formen von Solidarität. Wir haben
das Leid der Anderen anerkannt und im Kollektiv
versucht, es zu lindern und füreinander einzustehen.

Wir beide haben ja in Asyllagern gelebt, ich sogar
die ersten sieben Jahre meines Lebens, also während
meiner gesamten frühkindlichen Erfahrung. Kein
Wunder also, dass ich in meinem PhD-Projekt
damals die räumlichen Politiken von Geflüchteten-
lagern untersuchen wollte. Asyllager sind hoch-
politische Orte, in denen der Staat die Entrechtung
von Geflüchteten ebenso organisiert wie die
Entrechteten ihre Solidarität untereinander.

M: Ja, du hast Recht. Asyllager sind interessante
Orte, um über Solidarität nachzudenken. Diese
Spannung zwischen einer künstlichen Isolation
von der restlichen Bevölkerung auf der einen
Seite und der Hypernähe, ja, Konzentration von
zusammenhanglosen Menschen im Lager auf
der anderen. Das Einzige, was sie verbindet, ist
ihr politischer Zustand ...

S: ... ein Zustand, in dem sie von staatlichen Akteur*innen mit Gewalt festgehalten werden. Die politische
Struktur des Asyllagers wird also gleichzeitig von
außen – von staatlicher Seite – entworfen, während
sie von innen durch das alltägliche Leben der

Menschen gestaltet wird, worin das Außen meistens
keinen Einblick hat. Im Asyllager, wo unterdrückte
Bevölkerungen aus verschiedenen Regionen der Welt
durch Zwang aufeinandertreffen, fand und findet
noch immer ein Wissensaustausch statt, der maßgeblich das Weltbild vieler geflüchteter Menschen
prägt. So auch das meiner Familie.

M: Du hast von deiner Schulzeit gesprochen.
Kannst du vielleicht noch näher darauf ein-
gehen? Mich interessieren diese fundamentalen
Momente gelebter Solidarität.

S: Ich erinnere mich zum Beispiel daran, wie ich mich
mit einer Gruppe kasachischer Mitschüler*innen –
indigene Kasach*innen, keine deutschen Kolonial-
siedler*innen – in der Klasse zu einer sogenannten
asiatischen Allianz zusammengeschlossen habe.
Natürlich war das ein rein imaginäres Kollektiv,
aber es bot uns dennoch einen Schutzkörper gegen
die Strukturen der Diskriminierung in der Schule und
die physischen Übergriffe auf dem Schulweg. Und
im bayrischen Dorf gab es im Übrigen auch richtige
Neonazis, also oldschool, mit Springerstiefeln und
Glatze. Im dortigen Asyllager waren wir insgesamt
drei eelam-tamilische Familien und die Dorfschule,
auf die wir Kinder gingen, hieß bis 1945, wie auch
sonst, Hitler-Schule. Nach dem Schulschluss haben
wir immer aufeinander gewartet, um gemeinsam
nach Hause zu gehen, um möglichen Angriffen von
Neonazis oder rassistischen deutschen Jugendlichen
aus dem Weg zu gehen.
Diese Anekdote aus der Kindheit mag banal erscheinen, aber gerade aufgrund ihrer Alltäglichkeit

erinnere ich mich so häufig daran. Solche scheinbar
banalen Beispiele der alltäglichen Organisation
sind als kollektive Überlebensstrategien wichtige
Protestformen, die aber selten im Spektrum des
politischen Handlungspotentials gesehen werden.
In der Analyse wird diesen zutiefst prägenden Erfahrungen nicht unbedingt der Wert zugeschrieben,
den sie für den eigenen Politisierungsprozess haben
können. Dazu kann auch ein kurzer Blickkontakt
unter fremden, nicht-weißen Menschen gehören.
Auf der Straße nicken mir Schwarze Menschen zum
Beispiel sehr oft zu, begrüßen mich oder schenken
mir ein Lächeln. Das mache ich auch. So unbedeutsam
diese Dinge erscheinen, glaube ich dennoch, dass sie
einen sehr großen Stellenwert im Leben einnehmen,
da sie ein Gefühl erzeugen, das ein durch und durch
politisches Potential birgt.

M: Ich bin in einem sehr diversen Teil von Hamburg
aufgewachsen mit Mitschüler*innen der unter-
schiedlichsten sozialen und kulturellen Herkünfte.
Die Konfliktlinien meiner Jugend waren deshalb
etwas diffuser als in deinen Geschichten. Wenn
ich wiederum meine Schwester besuche, die
mittlerweile etwas außerhalb der Stadt wohnt,
erlebe ich genau das, was du erzählst: Alle nicht-
weißen Personen nicken sich zu, das ist wie ein
erleichtertes Aufatmen, wenn sie feststellen, dass
sie im Supermarkt nicht alleine sind. Du hast
vorhin auch von der Anerkennung der Leben der
Anderen gesprochen. Sehen, wo der*die andere
steht, sich zunicken, aber auch das Ausstrecken
der Hand und das gemeinsame Schreiten Schulter
an Schulter. Das ist für mich ein sehr berührendes
Bild von Solidarität.

S: Dass unsere Erfahrungen auf dem Land andere
sind als in der Stadt, zeigt, wie entscheidend
der Kontext in der Entstehung von Solidarität ist.
Kontext ist nicht statisch, sondern verschiebt
sich ständig, und mit ihm die sich herausbildenden
Allianzen. Hier in Berlin begrüßen mich zum Beispiel
selten Menschen aus Westasien, dafür aber in der
Regel Schwarze oder melaninreichere Menschen.
Aber auf dem Dorf lächeln dir sogar Albaner*innen
zu, denn das *Ausländersein* wird dort anders verhandelt und erfordert andere Strategien. Als jemand,
der*die auf dem Dorf aufgewachsen ist und dann in
die Stadt gezogen ist und in beiden Kontexten
gleichermaßen rassifiziert wird – denn durch meine
melaninreiche Haut bin ich in der Stadt und auf
dem Land absolut sichtbar –, nehme ich deshalb oft
eine frustrierende Inkohärenz wahr: Manche
sogenannte Minderheiten, die mir auf dem Land
wohlgesinnt waren, signalisieren in der Stadt kaum
Interesse an einer Form der Solidarisierung – selbst
an einer so oberflächlichen Form der Solidarität
wie dem Zulächeln oder Händereichen! Diese
Beobachtung finde ich interessant, weil sie sich auf
globalpolitischer Ebene spiegelt, auf der sich die
Kontexte ja ebenfalls ständig verschieben.

M: Und weil die Kontexte so unterschiedlich sind
und deshalb so viel Vorwissen von uns verlangen,
besteht die große Herausforderung darin, immer
informiert und organisiert zu bleiben, oder?
Deshalb schätzen wir Menschen, die es schaffen,
andere dahingehend zu orientieren, wann sie wohin
blicken müssen. Darin besteht der mühselige
und ernst zu nehmende Beruf von Aktivist*innen
und politischen Autor*innen; sie müssen immer

im Austausch mit anderen stehen und kritikfähig
bleiben. Solidarität muss gepflegt und kultiviert
werden. Ich bin zwar politisch interessiert, aber
ich maße mir nicht an, mich Aktivistin zu nennen.
Dieser Praxis werde ich nicht gerecht. Dafür
müsste ich anders involviert sein. Aber es inspiriert
mich, wenn es Autor*innen oder Künstler*innen
gelingt, neben ihrem Werk aktivistisch organisiert zu sein und dabei konsequent Solidarität
zu praktizieren.

S: Mir fällt in diesem Zusammenhang die indische
Schriftstellerin und Aktivistin Arundhati Roy
ein. Sie ist dafür bekannt, sich vielen wichtigen
politischen und sozialen Themen zu nähern
und dabei offen ihre Solidarität mit unterdrückten
Gruppen zum Ausdruck zu bringen. Dafür erntet
sie auch Widerstand: Ihre Aussagen zur indischen
Besatzung von Kaschmir haben ihr zum Beispiel
immer wieder Klagen wegen vermeintlicher Volks-
verhetzung ins Haus geholt. Andererseits werfen
Aktivist*innen ihr vor, sie gehe von Konflikt zu
Konflikt spazieren: Mal schreibt sie ein Essay über
dieses Thema, dann redet sie auf einem Podium
über jenes Thema. Dalit-Aktivist*innen werfen
ihr zum Beispiel vor, unehrlich und opportunistisch
mit dem Thema des Brahmanismus und der Kasten-
diskriminierung in Indien umzugehen – eine berechtigte Kritik, die sie damals jedoch vollkommen
ignoriert hat. Ein anderer Vorwurf besteht darin,
dass sie in der Auseinandersetzung mit einer Sache
häufig selbst zum Thema wird und dabei der eigentliche Konflikt in den Hintergrund rückt. Ähnliches
wird ja auch Philantrop*innen wie Angelina Jolie
oder George Clooney vorgeworfen. Roy würde ich

davon klar abgrenzen, doch können auch politische
Aktivist*innen zu Celebrities werden und ähnliche
Dynamiken aktivieren, wie wir sie aus dem Promi-
Philanthropismus kennen.

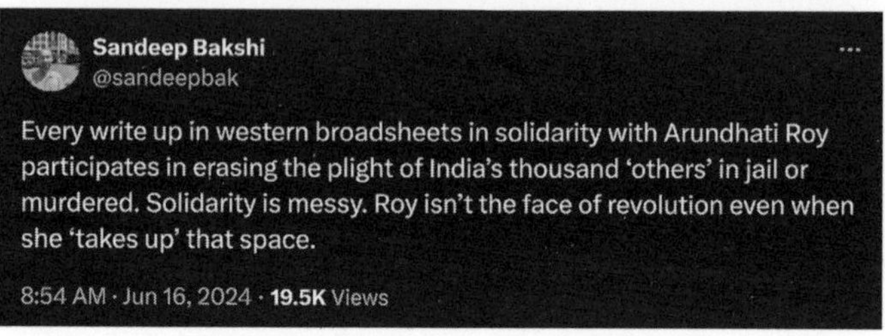

M: Findest du, sie sollte Andere sprechen lassen,
anstatt selbst das Wort zu ergreifen? Besteht
der Vorwurf darin, dass sie paternalistisch statt
kameradschaftlich handelt; für sie die Betroffenen
nur Material für ihr moralisches Argument, aber
nicht Mitstreiter*innen in einem gemeinsamen
Kampf sind?

S: Das ist eine gute Frage. Eine ähnliche Kritik
gibt es ja auch gegenüber Wissenschaftler*innen,
die sich in ihrer Forschung mit unterdrückten
Gruppierungen beschäftigen: Ihnen wird manchmal
vorgeworfen, ihre Wissensakkumulation auf
Kosten jener unterdrückten Gruppen zu betreiben,
ohne ihnen wirklich etwas zurückzugeben. Die
betroffenen Gruppierungen verbleiben als passive
Informant*innen, deren Lebensverhältnisse von
Außenstehenden analysiert werden, während die

Wissenschaftler*innen im Dienste ihrer Karriere ein historisches und sozialökonomisches Machtverhältnis ausnutzen und reproduzieren. Ihre Autorität in der Forschung wird dann über den Ausdruck der Betroffenen gestellt. Diese einseitige, bisweilen parasitäre Beziehung wurde von Betroffenen in vielerlei Hinsicht kritisiert; etwa mit der Schlussfolgerung, dass eine langfristige, nachhaltige und egalitäre Zusammenarbeit in diesem System der Wissensproduktion unmöglich ist. Auch wenn das bei Arundhati Roy nicht unbedingt der Fall sein muss, kann ich verstehen, dass es gegenüber ihrer Person als inzwischen internationalen Stars eine Grundskepsis gibt.

M: Hättest du ein Beispiel für eine sogenannte aktivistische Ikone, die Solidarität vorbildlich praktiziert hat? Wer würde dir da spontan einfallen?

S: Ja, ich denke da zum Beispiel an die japanische Aktivistin Yuri Kochiyama. Sie wurde 1921 in Turtle Island geboren und in den 1940er Jahren als Kind gemeinsam mit ihrer Familie in unterschiedlichen Lagern – sogenannten War Relocation Centers – interniert, so wie insgesamt 120.000 in Turtle Island lebende Japaner*innen und japanischstämmige US-Bürger*innen, denen nach dem Angriff Japans auf Pearl Harbor die Loyalität zum US-amerikanischen Siedler*innenstaat aberkannt wurde. In den 1960er Jahren wurde Yuri Kochiyama zu einer berühmten Bürger*innenrechtsaktivistin, die viel mit der Black-Panther-Bewegung und anderen Schwarzen Widerstandsbewegungen in Turtle

Island zusammenarbeitete. Sie war es auch, die den sterbenden Malcolm X in ihren Armen hielt, als er erschossen wurde.

Im Vergleich zu Arundhati Roy hat sich Yuri Kochiyama ganz anders zu einer Kritik bezüglich ihrer Beziehung zum japanischen Kastenwesen verhalten. Auch dort gibt es eine Dalit-Kaste, die Burakumin, die bis heute unter Diskriminierung

zu leiden haben. Sie haben früher, ähnlich wie Dalits
im sogenannten Südasien, mit toten Körpern und
Körperteilen gearbeitet und wurden deshalb als
„unrein" betrachtet. Als eine Burakumin-Aktivistin
einmal Yuri Kochiyama fragte, was sie zu diesem
Kastensystem zu sagen hätte, antwortete sie, dass
es schrecklich sei und dass sie davon noch nie etwas
gehört habe; dass ihre Ignoranz viel über sie selbst
sage, aber dass es ihre Verantwortung sei, der
Aktivistin zuzuhören, aus dem Unwissen zu lernen,
ihre eigene Verwicklung zu verstehen und zu be-
nennen und schlussendlich deren Kampf zu unterstützen. Arundhati Roy wies dagegen damals alle
Vorwürfe von Dalit-Aktivist*innen ab und bagatelli-
sierte sie. Man* sieht daran, wie unterschiedlich
Leute mit diesen Machtstrukturen umgehen.

M: Kritikfähigkeit ist also zentral für die Praxis
der Solidarität. Denn nur wenn wir uns selbst
immer wieder neu einordnen, zuhören und über-
prüfen, ob die eigene Positionierung noch Sinn
ergibt, können wir solidarisch handeln. Dafür
braucht es Selbstkritik und eine Prüfung unserer
eigenen Voreingenommenheit: Glauben wir der
Darstellung eines Konflikts, weil sie in unser
Weltbild passt, oder sehen wir uns tatsächlich die
materielle Realität vor Ort an und urteilen auf
dieser Grundlage über den Sachverhalt? Unsere
Wahrnehmung – und damit die Grundlage unseres
solidarischen Handelns – ist wahrscheinlich
immer ideologisch oder identitär motiviert und
Solidarität ist nicht gleich progressiv und moralisch korrekt. Rechte Aktivist*innen sind auch
solidarisch organisiert. Viele sind mit einer bestimmten Art von Solidaritätspraxis sozialisiert,

die vielleicht auf Blockdenken basiert und von
ökonomischen, politischen oder konfessionellen
Interessen motiviert ist. Die empirische Prüfung
der Erzählungen, die unsere Solidaritäten
informieren, ist wahrscheinlich die essentiellste
Selbstkritik.

S: Du hast Recht, Solidarität ist kein einmaliger
Blankoscheck, den man* jemandem einmal und für
immer ausstellt. Wir müssen uns selbst immer
wieder kritisch und ehrlich prüfen und dabei fähig
sein, Positionen zu verschieben und kontextuell
anzupassen.

M: Und man* sollte schon zwischen links
und rechts unterscheiden können, egal ob die
Person, mit der ich mich solidarisch zeige,
braun-, schwarzhaarig oder weißblond ist ...

S: Noch kniffliger wird es bei Solidaritätsbekundungen von Nationalstaaten, die ja oft nicht
nur Völker sondern ganze Staats- und Wirtschafts-
systeme repräsentieren. Ich denke da zum Beispiel an

48

die Solidaritätsbekundungen des Staates Malaysia
mit Palästina. In Kuala Lumpur werden in Momenten
der Gewalt in Palästina oft reflexartig symbol-
trächtige Gebäude in den palästinensischen und
malaysischen Flaggen beleuchtet. Währenddessen
verantwortet der gleiche Staat eine rechtsnationale
Politik gegen lokale Minderheiten und in Malaysia
aktive antikoloniale Befreiungsbewegungen. Bei
den Aktivist*innen dieser Bewegungen handelt es
sich also um unmittelbare Mitbürger*innen, deren
Leid viel näher ist als das des geografisch fernen
palästinensischen Volkes. Das zeigt, wie wichtig
der Blick auf den lokalen Kontext ist; und dass
dieser hilft, zu prüfen, wie universell oder selektiv
die Solidaritätsbekundungen von Nationalstaaten
tatsächlich sind und welche identitären Motivationen
sie verfolgen.

M: Der Vorwurf der doppelten Standards trifft
ja nicht nur auf die EU zu, die den militärischen
Widerstand der Ukraine und die Flucht ihrer
Bürger*innen mit anderem Maß bewertet,
sondern auch, wenn die sogenannte Arabische
Welt oder *Umma* eigene Kriege oder Unrechts-
regime relativiert und nur in bestimmten Fällen
auf die Einhaltung der Menschenrechte pocht.
Katar hofiert alle möglichen terroristischen
Gruppierungen, einschließlich der Taliban,
die dort seit über einem Jahrzehnt beherbergt
wurden, während sie in Afghanistan für unzählige
Verbrechen verantwortlich waren.
Während der Fußball-WM 2022 hörte man*
von zahlreichen Opfern von systematischer
Ausbeutung im Kafala-System und es war
erschreckend, wie viele Menschen nichts davon

wissen wollten, weil es das Bild des aufsteigenden muslimischen Golfstaates störte. Was ist die Solidarität mit unterdrückten Menschen wert, wenn man* Dubai und Katar trotz ihrer gewaltsamen Unterdrückungssysteme als steuerfreie, nicht-europäische Oasen-Staaten zelebriert? Mich stört diese Wakandisierung nicht-europäischer Systeme und ihres Reichtums.

S: Gut, dass du Katar erwähnst!

M: Ich wusste, dass du dazu was sagen möchtest.

S: Die Fußballweltmeisterschaft von 2022 empfand ich als große Frustration, doch als diskursiver Moment offenbarte sie einige interessante Widersprüche. So mussten nach einem Bericht im Guardian seit 2010, als die Wahl des Austrageortes der WM 2022 auf Katar fiel und mit dem Bau der WM-Infrastruktur begonnen wurde, über 6.750 Arbeiter*innen aus den Herkunftsländern Indien, Nepal, Bangladesch, Pakistan und „Sri Lanka" sterben. Ein Bericht von Amnesty International kommt sogar auf über 15.000 tote nicht-katarische Arbeiter*innen zwischen 2010 und 2019.

Die vielen Toten waren das Resultat jahrzehnte-
langer neoliberaler Staatspolitik. Das Wachstum
der arabischen Petromonarchie war nur auf
dem Rücken von vor allem melaninreichen Kafala-
Arbeiter*innen – das heißt, auf dem Rücken quasi
versklavter Menschen – möglich. Die vielen Toten
waren am Ende natürlich eine schlechte Schlag-
zeile für dieses teure Massenevent, das der Selbstinszenierung der Veranstalter*innen im Weg stand.
Während Katar und die FIFA von verschiedenen
westlichen Menschenrechtsorganisationen dafür
hart in die Kritik genommen wurden und teilweise
sogar zum Boykott der WM aufgerufen wurde,
geschah etwas Interessantes. Auf einmal wurde der
Ölstaat Katar von vielen Menschen aus Westasien
in den sozialen Medien gegen die wichtige Kritik
am Kafala-System verteidigt. Diese wurde als
Ausdruck eines westlichen Orientalismus und anti-
arabischen Rassismus abgetan.

M: Oh, daran kann ich mich gut erinnern, als du
dazu etwas auf Twitter geschrieben hast und es
einen Backlash gab.

S: Mein Tweet hatte damals eine ziemlich heftige
Reaktion ausgelöst, viele Linke widersprachen mir.
Denn auch Katar versuchte, die populare Solidarität
mit dem palästinensischen Volk systematisch zu
vereinnahmen, um dadurch Unterstützung für die
WM innerhalb der arabischen und muslimischen Welt
zu gewinnen. Und das gelang Katar sehr effektiv:
Während Demonstrationen und politischer Dissens
im Staat verboten sind – so auch während der WM,
etwas, das übrigens auch die FIFA befürwortet –,

entschied sich Katar dafür, die WM als Anlass für ein politisches Statement zu Palästina zu nehmen. Mehrere Gebäude wurden in palästinensischen Flaggen beleuchtet, die Flagge wurde an öffentlichen Orten gehisst, es wurde ein palästinensischer Kulturpavillon vor dem Hauptstadium aufgebaut, man* flog namhafte palästinensische Aktivist*innen mit großer Reichweite ein. Auch wenn also auf den ersten Blick alles solidarisch aussah, ging es hier weniger um Palästina als um die Imagepflege der Golfmonarchie. Das wurde insbesondere auch dadurch sichtbar, dass Katar parallel hierzu diplomatische und wirtschaftliche Beziehungen zu Israel normalisierte. Damals war die Rede von „Palestine-washing", also die Ausbeutung der palästinensischen Sache durch unterdrückerische Regime, die mit ihrer öffentlichen Unterstützung Palästinas von den eigenen Verbrechen ablenken und ihre Legitimität stützen wollen – und zwar in dem Bewusstsein, dass ein signifikanter Teil der eigenen Bevölkerung sich mit dem palästinensischen Befreiungskampf identifiziert.

M: War da nicht auch die Rede von *Arab Joy*
in Anlehnung an *Black Joy*? Und wurden die
Kritiker*innen der entsprechenden Unrechts-
regime nicht auch als *Killjoys*, also Spielver-
derber*innen, bezeichnet, die den arabischen Fans
die Freude nehmen? Was für eine egozentrische
und unehrliche Antwort auf die berechtigte
Kritik. Was ist mit der Freude der Menschen, die
beim Bau der Stadien ums Leben kamen?

S: Hinzu kommt, dass die Assoziation mit dem Tod
von bis zu 15.000 südasiatischen und ostafrika-
nischen Arbeiter*innen auch für den palästinensischen Befreiungskampf wenig hilfreich ist. Die
gerechte Sache fiel hier einer fragwürdigen Ver-
marktungskampagne zum Opfer. Ich frage mich,
warum die arabische Solidarität den ausländischen
und melaninreichen Arbeiter*innen verweigert und
deren Leben und Sterben ignoriert wurde. Lag es
daran, dass sie nicht arabisch waren und deshalb
nicht als gleichwertige Menschen begriffen wurden?
Die *Arab Joy* stand über dem Leben und Sterben
jener Nicht-Araber*innen und das bloße Erinnern
an ihre gewaltsamen Tode wurde von vielen in
den sozialen Medien schlichtweg als anti-arabisch
bezeichnet.

M: Viele dieser mehrheitlich muslimischen
arabischen Staaten, insbesondere die Golfstaaten, definieren sich stark über einen
arabischen Nationalismus und auch über den
sunnitischen Islam. Obwohl dadurch Vorstellungen einer Gemeinde oder Zusammen-
gehörigkeit, sogar Autorität immer wieder

bedient werden – wie im Fall Saudi-Arabiens und der Pilgerfahrt –, hat diese Form der arabischen oder islamischen Solidarität keine wirkliche praktische Dimension. Keine vermeintliche muslimische Solidarität verhindert in diesem

Kontext die wirtschaftlichen und diplomatischen Beziehungen mit den Unterdrücker*innen der Ärmsten und Vertriebenen, ob muslimisch oder arabisch. Auch innerhalb des Kafala-Systems sind ja viele entrechtete Arbeiter*innen selbst muslimisch, so etwa diejenigen aus Indien,

Pakistan oder Bangladesch. In Dubai und Katar
findest du dagegen auch nicht-arabische Super-
reiche wieder, die sich ebenso wenig für die
eigene Bevölkerung und das Wohlergehen ihrer
ethnisch verwandten Bediensteten interessieren.
Hier ist die Klassenfrage in der Wechselwirkung
mit Rassismus interessant zu beobachten. Wann
halten Reiche zusammen und tolerieren sich
gegenseitig trotz ethnischer oder konfessioneller
Unterschiede und wann werden Identitäten
bedient, um Massen für die eigenen Interessen
zu mobilisieren?

S: Ich will noch einen letzten Punkt zu Katar machen.
Erinnerst du dich noch an das Achtelfinale der WM,
als Marokko gewann und ein marokkanischer
Spieler mit der palästinensischen Flagge den Einzug
ins Halbfinale gegen Spanien feierte?

M: Nein. Was war da genau los?

S: Als die Nationalspieler mit der palästinensischen
und marokkanischen Flagge ihren Sieg feierten,
profitierte nicht nur Katar von diesem symbol-
trächtigen und medienwirksamen Moment, den sie
mit großer Sicherheit mitinszenierten, sondern
auch das ferne Marokko. Das nordafrikanische
Königreich wurde plötzlich von unterschiedlichen
Seiten als Repräsentant eines Pan-Arabismus und

Pan-Afrikanismus gefeiert. Die Instrumentalisierung
Palästinas durch Marokko war dabei natürlich kein
Thema. Und das, obwohl sahrauische Aktivist*innen
das Palestine-washing Marokkos und das Feiern
des Königreichs als vermeintliche Verfechter*innen
der palästinensischen Rechte als zynisch und ver-
letzend beschrieben. Die Benennung dieses Wider-
spruchs wurde von vielen als anti-palästinensisch
aufgefasst; ein Widerspruch, der noch dadurch über-
spitzt wurde, dass Marokko kurz zuvor auf Kosten

der palästinensischen und sahrauischen Freiheit
Frieden mit Israel geschlossen hatte. Trotz alledem
schienen viele bekannte linke Akademiker*innen und
Aktivist*innen die Instrumentalisierung nicht sehen
zu wollen und ignorierten die Widersprüche hinter
diesen Politiken oder redeten die Kritik daran klein.

M: Hier bietet sich doch an, auf unsere Eingangs-
frage zurückzukommen, zur Solidarität als
Einbahnstraße: Wer steht an den Enden der Einbahnstraße und in welche Richtung läuft sie?
Denn je nach Adressat*in habe ich unterschiedliche
Ansprüche: Wenn ich in den Nachrichten zum
Beispiel Zivilist*innen sehe, die zur Zielscheibe
staatlicher Gewalt werden, dann bin ich mit ihnen
bedingungslos solidarisch, ohne den Anspruch,
dass sie meine Werte und Interessen teilen. Also
gegen militärische Gewalt, Vertreibung oder
Ausbeutung zu sein ist eine Haltung, aber ist
diese Haltung bereits Solidarität? Anders gefragt:
Unter welchen Voraussetzungen wird aus meiner
Haltung eine solidarische Beziehung, die all
das beinhaltet, wovon wir anfangs sprachen:
gemeinsames und sich gegenseitig anerkennendes
Handeln? Was ich zu beschreiben versuche,
beginnt für mich mit der Haltung aus mir selbst
heraus und richtet sich ergebnisoffen ohne
konkrete Adressat*innen nach außen – und das
kann, etwa im Fall der Zivilist*innen, die ich
in den Nachrichten sehe, auch einseitig sein. Viele
Freund*innen, die aus anderen Unterdrückungs-
kontexten, etwa dem kurdischen oder, wie in
deinem Fall, dem eelam-tamilischen, kommen,
beklagen zu Recht, dass sich die sogenannte
Palästina-Solidarität nicht wechselseitig verhält;

dass sie zum Beispiel nicht mit einer kohärenten Haltung in Bezug auf die Politik Erdoğans oder den Rohstoffraub der Golfstaaten in afrikanischen Staaten einhergeht.

S: Ja, es ist sinnvoll, die Haltung hinter den Solidaritätsbekundungen in den Blick zu nehmen, um etwaige Heucheleien und Instrumentalisierungen von gerechten Kämpfen durch ungerechte Regime erkennbarer zu machen. Am Beispiel von Marokko und der WM 2022 sehen wir eigentlich sehr klar, dass es sich dabei augenscheinlich nicht um eine prinzipielle Haltung von Marokko und der marokkanischen Mehrheitsbevölkerung handelt. Es war stattdessen eine gezielte und punktuelle Vereinnahmung eines politischen Prinzips, die von vielen als prinzipielle Haltung dieses Staates und seiner Mehrheitsbevölkerung missverstanden wurde; die Sichtbarmachung Palästinas war für viele mehr wert als die Sichtbarmachung der Inkohärenz der eigenen

Außen- und Innenpolitik. Und obwohl sich die
Forderungen der Sahrauis nach Selbstbestimmung
und Befreiung mit denen der Palästinenser*innen in
vielen Punkten ähneln, so wird der Verwandt-
schaftsgrad ihrer Entrechtung, Okkupation und
Kolonisation von den meisten Marokkaner*innen
kategorisch abgewehrt.

Um auf deinen zweiten Punkt zu kommen:
Natürlich ist es schmerzhaft, wenn Solidarität verlangt wird, während die eigenen Forderungen nach
Solidarität durchgehend ignoriert werden. Wer
wäre nicht frustriert über eine solche Ungerechtigkeit? Auch unter den Unterdrückten dieser Welt
gibt es Hierarchien, die in unterschiedlichen
Situationen wirken und erkennbar werden. Viele
Unterdrückte sind sich dessen bewusst oder müssen
schmerzhaft ein Bewusstsein dafür entwickeln.
Es ist brutal, von den Unterdrückten zu erwarten,
über diese Ungleichheiten hinwegzusehen. Und
diese Einseitigkeit schafft grausame und häufig
unsagbare Konkurrenzverhältnisse.

M: Während ich dir so zuhöre, wird mir immer
mehr die Bedeutung der Verortung bewusst.
Deshalb ist mir auch innerhalb dieses Gesprächs
unsere persönliche Einordnung so wichtig. Vor
den sozialen Medien musste man* im direkten
Austausch mit gemeinnützigen Vereinen, politischen Gruppen oder familiären Netzwerken
stehen, die einen überhaupt erst auf die Existenz
eines Konflikts oder einer Ungerechtigkeit auf-
merksam machen konnten. Das ist heute mit der
globalisierten Verbreitung von Informationen im
Internet um einiges dezentraler, beschleunigter
und zugänglicher, und dennoch unterliegen diese

Öffentlichkeiten starken Hegemonialkämpfen:
Wer spricht wie lange und wie oft und wem wird
zugehört? Welche Kriege finden auch in unseren
Medien statt? Warum müssen Erfahrungen von
Leid sich gegenseitig übertrumpfen, um unsere
Aufmerksamkeit oder Empathie zu verdienen?

S: Oder ein Konflikt wird zur Schablone, mit dem
plötzlich alle Konflikte verstanden werden sollen.
Und sollten sie durch diese Linse nicht erklärbar sein,
werden sie unbeschreibbar. Eine große Nebelwand!
Wie im Fall von Sudan, spezifisch Darfur, dessen
Lage und Geschichte von vielen als zu „komplex"
abgetan wird. Anstatt sich mit der Situation ernst-
haft auseinanderzusetzen, klammert man* Sudan
und Darfur direkt aus oder verkürzt die Konflikte,

um sie am Ende mit einem halbherzigen „Free Sudan"
abhaken zu können.

Als ich vor wenigen Wochen bei einer sudanesischen Demo in Berlin war, die ausnahmsweise von
vielen Nicht-Sudanes*innen besucht wurde, fiel nicht
nur mir direkt auf, dass palästinensische Symbole
und Protestslogans – statt der eigenen – den Platz
dominierten: „Gaza, Gaza don't you cry, Palestine
will never die" wurde schlichtweg zu „Darfur, Darfur
don't you cry, Sudan will never die." Als wären alle
Konflikte dieser Welt mit Palästina zu erklären. Das
entspricht in etwa der gängigen Annahme, die man*
immer wieder in linken politischen Räumen und
sozialen Medien hört, dass die Befreiung Palästinas
zur Befreiung aller führen würde. Das ist nicht nur
extrem reduktiv, es ist auch einfach faktisch falsch.

M: Dahinter steht wahrscheinlich die Intention,
durch die Zusammenführung der Kämpfe eine
breite Solidarität zu schaffen. Aber ich befürchte
so wie du, dass die propagandistische Verflachung
indirekt zu einer Hierarchisierung der Solidarität
führt. In dem Moment, in dem sich alle strategisch auf einen Punkt auf der Landkarte konzentrieren sollen, fallen schnell andere Geografien
aus dem Blickfeld.

Das Aneinanderreihen von Befreiungskämpfen
schreibt immer eine gewisse Reihenfolge vor und
wirft die Frage auf, wer sich bei wem anreihen soll.
Ich denke etwa an die Iran-zentrierten „Woman,
Life, Freedom"-Proteste, die irgendwann gezwungenermaßen auf die kurdischen Ursprünge ihrer
Proteste hinweisen mussten oder lustlos den Kampf
afghanischer Frauen im Nebensatz erwähnten.
Dabei wurde jedoch oft außer Acht gelassen, dass

61

der afghanische Protestruf ein anderer war: „Brot, Arbeit und Freiheit“. Das mag auf den ersten Blick vielleicht ein nicht so gravierender Unterschied sein, es zeigt aber, wie dominante Stimmen andere tendenziell überschreiben oder komplett vereinnahmen. Mich irritieren diese vereinheitlichenden, fast schon prophetischen Erzählungen von Kämpfen, die alle unter ein Dach gebracht werden müssen. Wer organisiert diese Vereinheitlichung? So übersichtlich sind die Macht- und Gewaltverhältnisse in meinen Augen nicht. Ich glaube schon, dass der politische Enthusiasmus einer Bewegung andere bestärken kann, und ich glaube auch an Allianzen, aber ich glaube nicht, dass eine Bewegung die Antwort für alle hat.

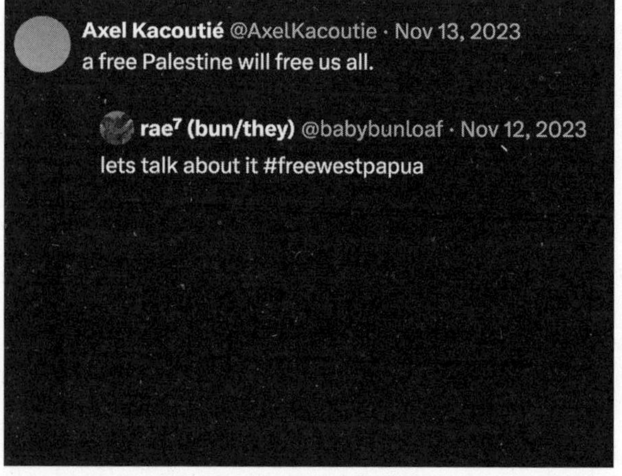

S: Ich auch nicht. Das sind Beispiele der Überschreibung, die im Mantel der Solidarität auftreten. Die Gefahren solcher vereinfachten Übersetzungen werden nicht selten von Aktivist*innen thematisiert, doch scheint sich an der Dynamik wenig zu ändern. Übersetzungen laufen immer Gefahr, spezifische Kontexte zu verzerren und sie als hohle Gerüste zurückzulassen. Und sie schaffen ein Zentrum und eine Peripherie. Die Tränen Darfurs werden nicht wie im Slogan beschworen trocknen, indem die Langlebigkeit Sudans ausgerufen wird. Sudan ist ja in vielerlei Hinsicht das eigentliche Problem Darfurs. Khartum ist der historische Ausgangsort einer langen Politik der Unterdrückung und Zerstörung der nicht-arabischen Bevölkerungen durch den arabischen Zentralstaat. Ebenso werden Kurd*innen nicht befreit, indem Perser*innen sich ihre Protestslogans aneignen und damit ihren spezifischen Kontext überschreiben. Wenn am Ende ein persischer Nationalismus als Befreiung der sogenannten Minderheiten versprochen wird, ist etwas schiefgelaufen. Offensichtlich hat man* nichts aus der Geschichte gelernt.

Die Spezifitäten jedes Kontextes sind essentiell, um die Machtverhältnisse zu verstehen. Wir können sie nicht ausklammern, um ein universelles Verständnis von Befreiung oder Gerechtigkeit zu erzwingen. Jede Situation, jeder Konflikt ist anders, auch wenn sie bestimmte Strukturen teilen mögen. Die Antworten auf die Probleme müssen mühselig und immer wieder aufs Neue herausgearbeitet werden. Beim erwähnten sudanesischen Protest in Berlin war das Resultat dann, dass es am Ende eigentlich gar nicht mehr um Darfur und Sudan ging. Plötzlich stand Gaza mehr im Fokus als der eigentliche Anlass der Versammlung.

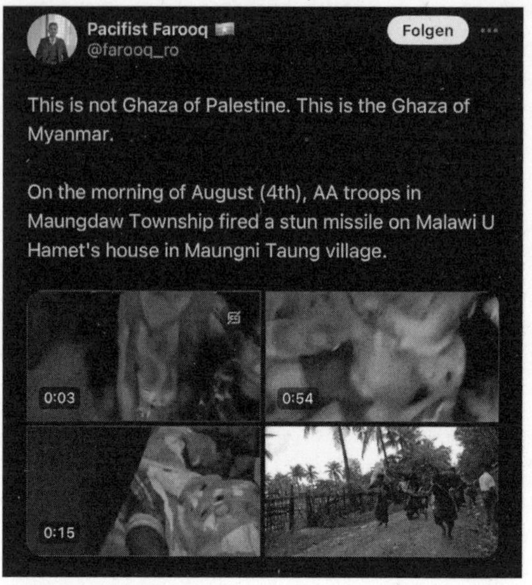

M: Ich denke auch, dass ein veralteter und binärer Blick auf Konfliktlinien zu einem vereinfachten Weltverständnis führt. Immer wieder verfallen wir in ein altes Block-Denken des Kalten Kriegs oder reduzieren alle Machtfragen auf den europäischen Kolonialismus. Auch wenn beide Machtkonstellationen weiterhin wirken, führt es doch oft dazu, dass nicht-weiße Staaten oder Akteur*innen als passive Spielfiguren oder irrationale Opfer der Weltpolitik karikiert werden. Im Umgang mit den Taliban und Afghanistan werden zum Beispiel immer wieder monokausale Erklärungsmodelle angewendet: Der ausländische Einfluss ist entweder an allem schuld oder er ist die einzige Rettung – je nachdem, durch welche Linse wir den Konflikt betrachten, fallen unsere Antworten unterschiedlich aus. Reduzieren wir Afghanistan zum Beispiel auf einen ideologisch-religiösen Konflikt und lassen die dort wirkenden geopolitischen Interessen und Kämpfe um Ressourcen außer Acht, dauert es nicht lange, bis wieder nach den heilsbringenden weißen Helfer*innen gerufen wird. Dementsprechend ist „Free Afghanistan" völlig aussagelos, weil von wem und durch wen? Und, na ja, es ist auch sehr geschichtsvergessen, wenn man* die interventionistische Politik der letzten Jahrzehnte bedenkt.

S: Die meisten Menschen in Europa und den europäischen Siedler*innenkolonien verstehen Gewaltverhältnisse – vor allem koloniale und imperiale Gewalt – nur durch Europa und europäische Körper. Doch Europa hat darauf natürlich kein Monopol. Sobald solche Arten der Gewalt von Nicht-Europäer*innen ausgehen und diese sich gegen andere Nicht-Europäer*innen richten, werden sie nicht mehr als kolonial bzw. imperial erkannt. Mir kommt es so vor, als würden Außenstehende sich zurückziehen, sobald sie nicht mehr in der Lage sind, optisch zwischen nicht-europäischen Täter*innen und nicht-europäischen Opfern zu unterscheiden, anstatt genau das zum Anlass zu nehmen, ihre Analyse zu schärfen.
Die Frage, wie ehemals Kolonialisierte zu Kolonialisierenden werden können, ist natürlich komplex und bedrückend und sie lässt sich nur schwer in diesen reduktiven Sprachen lösen. Wir scheitern ja schon daran, die Begrifflichkeiten richtig zu schreiben und auszusprechen! Häufig fehlen uns die Wörter, die Positionen, Zeit- und Machtverhältnisse zu versprachlichen. So beschreiben wir die sogenannte Gegenwart als

65

Post- oder Neokolonialismus, um begrifflich
eine temporäre und politische Unterscheidung zu
damals zu fällen. Wir ziehen eine Grenze, die
künstlich ist und uns vorgaukelt, es hätte sich etwas
an diesen Verhältnissen verändert. Es hat sich
aber kaum etwas verändert, trotz der sogenannten
„Entkolonialisierung"! Mein Eindruck ist, der
kritische Unterschied liegt darin, dass es heute
mehr Kolonialisierende gibt statt weniger. „Es ist
kompliziert" sollte nicht als Ausrede dafür benutzt
werden, sich nicht weiter mit einem Konflikt zu
beschäftigen. Deutsche Geschichte ist auch komplex
und damit beschäftigen sie sich ja die ganze Zeit.
Warum ist Darfur komplexer als die Krim?

M: Du hast absolut Recht. Um zurück zur Frage
der Solidarität zu kommen: Mich interessiert
auch, wie es dazu kommt, dass wir uns selbst in
unserer Solidaritätspraxis in solche unter-
komplexen Schemata hineinbegeben? Manchmal
bekommt man* den Eindruck, dass nur im europäischen Superlativ gesprochen werden kann,
um das eigene Anliegen bedeutsam zu machen.

Es reicht nicht, dass an einem Ort Zehntausende ermordet werden; die Formulierungen suchen nach einer Form des Extrems, nach dem Rekordbruch und dem nie Dagewesenen. Und viele nicht-europäische Menschen wissen, dass sie ihr Leid in europäischen Begriffen und Geschichtsreferenzen ausdrücken müssen, um es beschreibbar zu machen. Viele der Holocaust-Vergleiche sind daher keine tatsächlichen Vergleiche, die mit irgendeiner ernst zu nehmenden quantitativen oder qualitativen Analyse daherkommen, sondern der Versuch, von europäischem Recht und westlicher Empathie gesehen zu werden. Das geht dann natürlich nach hinten los, weil sobald dieser Vergleich kommt, Europäer*innen erst recht nicht mehr hinsehen.

S: Ja, aus der sogenannten westlichen Perspektive ist jede sprachliche Annäherung an diesen spezifischen Völkermord an europäischen Jüd*innen eine Verharmlosung, während es von anderer Seite häufig ein verzweifelter Versuch ist, Gewaltgeschichten zusammenzuführen und sie so für Europäer*innen verständlich zu machen. Es ist die Angleichung an das Machtverhältnis in einer Welt, in der uns allen bewusst ist, dass europäische Lesarten von Gewalt und Leid dominieren.

Eine ähnliche analytische Verwässerung findet auch dann statt, wenn gegenwärtige Gewalttäter*innen fernab Europas plump als Nazis oder Faschist*innen beschrieben werden, fast als wären die deutschen Nationalsozialist*innen und die italienischen Faschist*innen das einzig Böse auf dieser Welt. So auch, wenn der sogenannte Zweite Weltkrieg als Messlatte genommen wird, um ein

globales Zeitverhältnis und eine Hierarchie von
Gewalt zu erzwingen, etwa, wenn etwas als „das
Schlimmste seit dem zweiten Weltkrieg“ bezeichnet
wird. Wir stehen hier auch vor einem linguistischen
Problem: Wir können Gewalt nur innerhalb der
imperialen Sprachen global kommunizieren. Dabei
werden wir gezwungen, uns einem Vokabular
anzubiedern, das mehrheitlich mit europäischen
Erfahrungen beladen ist. Und obwohl wir uns
dessen bewusst sind, dass diese Sprachen durch
Gewalt globalisiert wurden, wird den vielen nicht-
europäischen Sprechenden und Lesenden darin
kein Eigenraum zugestanden, in dem sie ihre eigenen
Wörter, die sich nach ihren Erfahrungen richten,
etablieren können. Sie sind gezwungen, sich innerhalb eines limitierten Vokabulars wiederzufinden,
um ihre eigenen Geschichten global verständlich
zu machen.

M: Warte, warte! Dazu habe ich letztens etwas
gelesen. Ich habe vor kurzem zur Vorbereitung
einer Literatursendung das Buch *Israel* (2023)
von der Soziologin Eva Illouz gelesen. Darin
schreibt sie von einer Hypersolidarität unter
jüdischen Intellektuellen gegenüber Israel und
wie Hannah Arendt sich dem mit ihrem Denken
und Schreiben widersetzt hat. Auf jeden Fall
gibt es da eine Stelle, wo sie Zygmunt Bauman
mit „Universalität ist der Schlachtruf der Unter-
privilegierten“ zitiert und beschreibt, dass die
Ausweitung der universellen Rechte ein Anliegen
der jüdischen Menschen in ihren jeweiligen
nationalen Kontexten war. Und weil die Institutionalisierung des Erinnerns an den Holocaust
und die Anerkennung der universellen Menschen-

rechte zusammenhängen, beginnen andere,
nicht-jüdische Menschen sich das Gedenken an
die Shoah laut Illouz „anzueignen", um für ihre
eigenen universellen Rechte und Werte zu werben.
Ich fand den Begriff der Aneignung in diesem
Kontext interessant. Denn ich hatte es immer eher
so verstanden, dass jene nicht-jüdischen Menschen
die jüdischen Errungenschaften innerhalb der
Hegemonien europäischer Institutionen als
Vorbild nahmen und sich den Lehren und Werten
ihrer Erfahrung anschließen wollten – Aneignung
hat dagegen für mich einen eher negativen Klang,
wie eine unrechtmäßige Vereinnahmung statt einer
Beteiligung an gemeinsamen Überzeugungen.
Illouz schreibt weiter, dass sich nach dem Ende
der sechziger Jahre in der politischen Kultur
der Begriff des Opfers von Traumata und Kata-
strophen als zentrales Paradigma durchgesetzt
hat. Darin, in ebendieser politischen Kultur
der Betroffenheit und Institutionalisierung des
Erinnerns, sehe ich einen Schauplatz fundamentaler Missverständnisse. Wir befinden uns
mit der aktuellen Aufarbeitung der deutschen
Kolonialverbrechen sowie des andauernden Anti-
ziganismus inmitten dieser Debatten, in denen
Fragen der Universalität, der Solidarität und des
Erinnerns von Grund auf neu verhandelt werden.

S: Die meisten Eelam-Tamil*innen sehen Überschnei-
dungen zwischen den Erfahrungen europäischer
Jüd*innen und ihren eigenen. Sie ziehen, wie du
sagtest, Lehren aus den leidvollen Erfahrungen
anderer, vor allem solcher, die dokumentiert, medial
aufbereitet und übersetzt wurden – und also auch
ihnen zugänglich sind. In der wiederaufgebauten

Nationalbücherei von Jaffna, die 1981 als Teil des
tamilischen Völkermords vom sogenannten Sri Lanka
abgebrannt wurde, findet man* heute unzählige
Bücher zur europäisch-jüdischen Leidensgeschichte.
Einige Bücher von jüdischen Autor*innen zur Shoah
wurden in den letzten Jahren prominent ins Tamil
übersetzt. Ich würde behaupten, dass sich viele eelam-
tamilische Leser*innen in diesem spezifischen
Schmerz erblicken, der fernab ihrer Realität statt-

fand. Das Gleiche gilt aber auch für Erfahrungen
von Tutsis, Darfurians, Rohingyas, Jesid*innen,
Palästinenser*innen und anderen unterdrückten und
von kollektiven Zerstörungen betroffenen Gruppen.
Auch sie werden in ihrem Schmerz und in den Ver-
wandtschaftsgraden zueinander erkannt, doch sind
die Informationen über jene Geschichten häufig
viel schwieriger abrufbar, insbesondere, wenn man*
weder der jeweiligen lokalen noch der imperialen
Sprachen mächtig ist.

Als ich mit Amma vor einigen Jahren eine lange
Doku zum Völkermord in Ruanda ansah, war das
Erste, was sie sagte: „Sie sind wie wir, ihre Verfolgung

ist wie unsere." Es gibt, soweit ich weiß, kaum
Literatur zum Völkermord an den Tutsis auf Tamil,
die Doku war für sie also eine der ersten Berührungs-
momente mit der ruandischen Gewaltgeschichte.
Auch wenn Ruanda näher an Tamil Eelam liegt als
zum Beispiel Europa, so war es für meine Mutter
dennoch einfacher, Informationen über das Grauen
in Europa zu erlangen, als über das, was im
geografisch näheren Nicht-Europa stattfand – ein
Ergebnis der Kolonialität von Wissen und der
dazugehörigen Informationsinfrastruktur.

Auch heute, in einer sogenannten postkolonialen
Welt, schreibt und bestimmt noch immer Europa
den Kanon. Uns Nicht-Europäer*innen ist das
gegenseitige Aufeinandertreffen meistens nur in
der Kolonialmetropole möglich. Dabei werden wir,
wenn überhaupt, nur zum Anhang erklärt. Dieser
Umstand erschwert uns das gegenseitige Betrachten
jenseits Europas und seiner Relevanzrahmen, die es
für sich und damit auch für die Welt setzt.

M: Nicht nur das gegenseitige Betrachten, auch
das gemeinsame Organisieren wird dadurch
erschwert, oder? Ich muss jetzt schon wieder an
ein Buch denken: *Safety Through Solidarity: A
Radical Guide to Fighting Antisemitism* (2024) von
Shane Burley und Ben Lorber. Die beiden Autoren
versuchen, der vorherrschenden Isolierung des
Kampfs gegen Antisemitismus entgegenzuwirken
und die europäisch-jüdische Erfahrung an andere
Formen der Unterdrückung und Befreiungs-
kämpfe anzuschließen. Sie schreiben bewusst aus
der Position der jüdisch-diasporischen Linken,
die in ihrer Geschichte Sicherheit durch Allianzen
mit anderen verfolgten Gruppen und Minder-

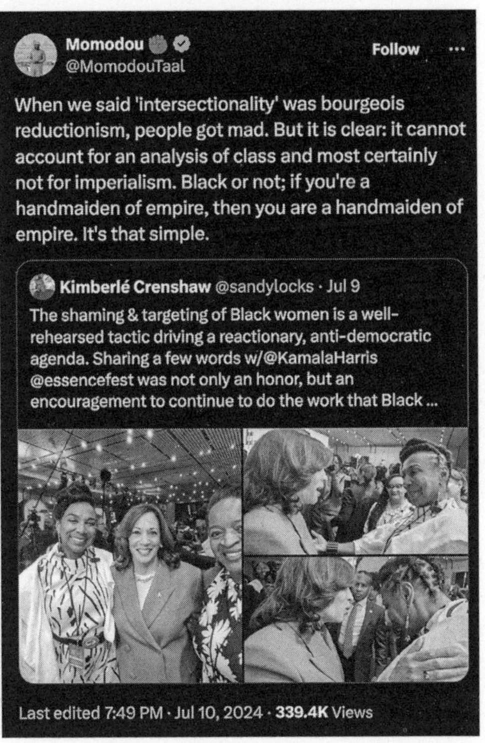

heiten versuchten aufzubauen. Sie setzen in ihrem Buch Antisemitismus in einen Zusammenhang mit Anti-Schwarzen-Rassismus, Islamophobie und Transphobie und argumentieren, dass nur durch die kollektive Arbeit für Befreiung diese unterdrückerischen Systeme überwunden werden können. Mir gefällt dieser Ansatz der Sicherheit durch Solidarität und der Analyse unterschiedlicher, ineinandergreifender Unterdrückungssysteme. Sie übernehmen die Idee der Intersektionalität von Schwarzen Feminist*innen der Arbeiterklasse des Combahee River Collective: Nur wenn alle befreit und in Sicherheit sind, können alle in Sicherheit sein. Wenn deine Sicherheit auf der Unterdrückung und Ausgrenzung anderer beruht, dann kann es keine echte Sicherheit sein, sondern nur ein Zustand der ständigen Angst vor den Anderen. Diese Angst ist gefährlich und leicht zu instrumentalisieren innerhalb nationalistischer und kapitalistischer Kontexte. Allianzen zu bilden ist in der Praxis selbstverständlich herausfordernd und in ihrer Form auch immer kontextuell bedingt. Hier müsste man* im Einzelnen sehen, wie die strategische Suche nach dem Zusammenhang nicht auch wieder eine neue Hierarchie mit erzeugt.

S: Ja, eine ähnliche Zusammenführung findet ja auch in den internationalen Institutionen statt. Der Begriff Genozid, der vom polnisch-jüdischen Rechtsgelehrten Raphael Lemkin am Beispiel des Völkermords an den Armenier*innen 1915 durch das Osmanische Reich entwickelt wurde, war von ihm anfänglich viel weitgreifender konzipiert, um auch praktisch auf andere unterdrückte Völker anwendbar zu sein. Damit sollten zukünftige Genozide abwendbar bzw. rechtlich verfolgt werden können. Doch die sogenannte UN-Völkermordkonvention, also das, worauf sich europäische Nationalstaaten und ihre Siedler*innenkolonien 1948 im Nachgang der Shoah einigten, war am Ende genau das Gegenteil. Während Lemkin noch besonderen Wert darauf legte, dass ein Völkermord nicht nur in seiner physischen, sondern auch in seiner kulturellen Dimension verstanden wird, wurde dieser essentielle Aspekt jedoch gänzlich aus der Völkermordkonvention herausgestrichen, da die europäischen Siedler*innenkolonien darin die

direkte Gefahr sahen, auch für ihre eigenen Völkermorde an den vielen indigenen Bevölkerungen in
Turtle Island und Abya Yala belangt zu werden.
Das, was letztlich zur rechtlichen Definition eines
Völkermords wurde, womit wir auch heute noch
Völkermorde versuchen zu klassifizieren, war
das Resultat eines politischen Kompromisses; der
neue Rechtsbegriff wurde damit praktisch unan-
wendbar für Betroffene. Es war eine unehrliche, von
reaktionären Parteien ausgefochtene Auseinandersetzung. Das sollte eigentlich nicht verwundern,
denn Nationalstaaten entschieden letztlich über
ein Problem, das sie vor allem selbst geschaffen
haben. Noch heute spricht Europa vielen Nicht-
Europäer*innen nicht nur ihre Gewalterfahrungen,
sondern auch deren rechtliche Interpretation ab –
obgleich dasselbe Europa in viele dieser Gewaltgeschichten involviert ist. Das sollte uns daran
erinnern, dass das sogenannte internationale Recht
noch immer ein imperiales Konstrukt ist. Von wegen
Postkolonialität.

M: Das macht dann die Parteiergreifung Süd-
afrikas und Namibias für Palästina vor dem
Internationalen Gerichtshof historisch umso
bedeutsamer und beeindruckender. Wir beobachten, wie hier Solidarität zwischen unterdrückten Völkern vor einem Gericht praktiziert
wird, das diese Form der Allianz bestimmt
nicht vorhergesehen hat. Und dann steht sogar
unter anderem Deutschland selbst als zweit-
größter Waffenexporteur an den kriegführenden
israelischen Staat vor Gericht.

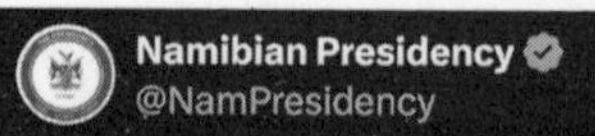

Namibia rejects Germany's Support of the Genocidal Intent of the Racist Israeli State against Innocent Civilians in Gaza

On Namibian soil, #Germany committed the first genocide of the 20th century in 1904-1908, in which tens of thousands of innocent Namibians died in the most inhumane and brutal conditions. The German Government is yet to fully atone for the genocide it committed on Namibian soil. Therefore, in light of Germany's inability to draw lessons from its horrific history, President @hagegeingob expresses deep concern with the shocking decision communicated by the Government of the Federal Republic of Germany yesterday, 12 January 2024, in which it rejected the morally upright indictment brought forward by South Africa before the #InternationalCourtofJustice that Israel is committing genocide against Palestinians in #Gaza.

Worryingly, ignoring the violent deaths of over 23 000 Palestinians in Gaza and various United Nations reports disturbingly highlighting the internal displacement of 85% of civilians in Gaza amid acute shortages of food and essential services, the German Government has chosen to defend in the International Court of Justice the genocidal and gruesome acts of the Israeli Government against innocent civilians in Gaza and the Occupied Palestinian Territories.

Germany cannot morally express commitment to the United Nations Convention against genocide, including atonement for the genocide in Namibia, whilst supporting the equivalent of a holocaust and genocide in Gaza. Various international organizations, such as Human Rights Watch have chillingly concluded that Israel is committing war crimes in Gaza.

President Geingob reiterates his call made on 31 December 2023, "No peace-loving human being can ignore the carnage waged against Palestinians in Gaza". In that vein, President Geingob appeals to the German Government to reconsider its untimely decision to intervene as a third-party in defence and support of the genocidal acts of Israel before the International Court of Justice.

S: Das stimmt, das ist tatsächlich ein sehr interessanter Versuch einer Umlenkung der bestehenden Machtverhältnisse. Namibias Kritik an der deutschen Unterstützung der israelischen Zerstörung Gazas wurde symbolträchtig am Jahrestag des Beginns des deutschen Völkermordes an den Oherero und Nama (1904–1908) veröffentlicht. Auch das war ein bewusster politischer Kommentar des namibischen Staatspräsidenten Hage Geingob, der Deutschland damit vor aller Welt vorführte und an deutsche koloniale Kontinuitäten erinnerte. Gleichzeitig war es ein Versuch, die fehlende Gerechtigkeit für die vielen Opfer deutscher Staatsverbrechen im heutigen Namibia auf die sogenannte internationale Bühne zu heben. Bis zum heutigen Tag weigert sich Deutschland, Reparationen für seine vielen kolonialen Völkermorde zu zahlen, ganz zu schweigen davon, wie im Falle des Maji-Maji-Widerstands im heutigen Tansania, sie überhaupt erst anzuerkennen. Auch wenn Deutschland den Völkermord an den Ovaherero und Nama als solchen inzwischen anerkennt, so macht die BRD immer wieder deutlich, das sie das nicht im Sinne der UN-Völkermordkonvention tut, da diese, so die Bundesregierung, nicht rückwirkend angewandt werden könne. Die sogenannte Anerkennung, die Deutschland den Oherero und Nama bietet, ist damit nur eine rhetorische, keine, die realpolitische und materielle Folgen beinhaltet. Es ist nicht ein formales Hindernis, das den Menschen die Reparationen abspricht, sondern eine rassistische Geringschätzung. Deutschland weicht dem Rechtsprinzip aus und stellt sich dabei auch noch als Wohltäter dar. Gerechtigkeit ist aber keine Charity.

M: Du hast am Anfang von der Informationsinfrastruktur gesprochen. Ich frage mich, wie
es sein kann, dass wir trotz des Zugangs zu
so vielen Informationen so wenig voneinander
wissen? Und warum verharren wir noch immer
in vorgefertigten Identitäten und entsprechenden
Empathie-Mustern, sodass selbst das Wissen
über das Leiden der Anderen keinen oder nur einen
geringen Effekt auf unser alltägliches Handeln
hat? Warum bleiben wir trotz der Globalisierung
und Beschleunigung politischer Diskurse in pro-
vinziellen, eurozentrischen und nationalistischen
Debatten um Empathie und Solidarität stecken?

People's capacity - time, energy, desire, whatever - to engage in political
activity is shaped by the external material conditions in which they live. It's
necessary to describe those conditions in order to change them.

Maybe I'm wrong about this but for now I am against 'capacity'.

Ich denke, dass wir uns bei der Verteilung nicht
nur von materiellen Ressourcen, sondern auch
von immateriellem Kapital wie Reichweite,
Netzwerke und Aufmerksamkeit in Konkurrenz
zueinander setzen und gesetzt werden. Wir
können also von Ökonomien der Solidarität und
Empathie sprechen, als wären Mitgefühl und
Zusammenhalt etwas Endliches, das irgendwann

aufgebraucht ist. Diese Konkurrenzverhältnisse
produzieren eine Situation der künstlichen Verknappung von Menschlichkeit, in der wir uns
entscheiden müssen, wem wir wie viel Aufmerksamkeit und Unterstützung bieten können, wem
wir zuhören und wen wir sehen möchten. Das
bedeutet, wenn wir uns nicht bewusst entscheiden,
wohin unsere Energie fließt, tun es äußere Ein-
flüsse für uns. Dann sind unsere Solidaritäten
durch die Prioritäten und Hierarchien bedingt, die
unsere Staaten, Institutionen, Gemeinden oder
sozialen Netzwerke an uns weitergeben.

S: Ökonomien der Solidarität ist ein gutes Stichwort.
Das ökonomische Verhältnis macht sich oft bereits
in unserem Sprechen deutlich. Wenn wir zum Beispiel
von Kapazitäten sprechen, die man* für etwas oder
jemanden aufwendet, dann normalisieren wir womöglich ein ökonomisches Denk- und Sprachmuster.
Das Verbrauchen der vermeintlichen Kapazitäten
führt dazu, dass sie anderswo fehlen. „Ich habe keine
Kapazitäten für XYZ“, ist ja so ein Millenial- oder
Gen-Z-Satz; ein Hinweis auf die Verwaltung von
Energie, Gefühlen, Aufmerksamkeiten, Arbeit,
Interessen und eben Solidaritäten. Sie alle unterliegen rationalen und emotionalen Denk- und
Verhandlungsprozessen, und häufig entscheiden
wir uns ganz bewusst, was uns gerade wichtiger
erscheint, was uns berührt und wofür wir unsere
Energie und Zeit bereit sind zu verwenden. Natürlich
ist Zeit begrenzt. Wieso aber wird ein volkswirt-
schaftliches Sprechen darüber normalisiert? Diese
Zeitknappheit ist systemisch: Wir sollen uns nicht
begegnen und organisieren können, sondern all
unsere Zeit aufwenden, um für das kapitalistische

System produktiv, das heißt verwertbar zu sein.
Zeit wird so zu einer Ware, mit der gehandelt wird,
die mit einem finanziellen Wert gleichgesetzt wird.
In dieser Kalkulation spielen Proximitäten eine
wichtige Rolle: Ethnische, kulturelle, geografische,
geschlechtliche, sexuelle und andere Kriterien sowie
die Verfügbarkeit von Information dienen häufig
als Maßgaben dafür, in welche Richtung unser
Empathie- und Leistungsvermögen gesteuert wird.
Das bedeutet im Umkehrschluss, dass wir eine
Entscheidungsmacht haben in der Frage, für welche
Dinge wir uns verausgaben und in welchen Sach-
verhalten oder Menschen wir uns selbst betrachten.

M: Ja, aber wenn du das so formulierst, dann
kann man* den Deutschen aber auch keinen
Vorwurf aus ihrer Präferenz für Geflüchtete aus
der Ukraine machen, die sie aufgrund ihrer
ethnischen oder geografischen Nähe lieber auf-
nehmen als solche aus außereuropäischen
Regionen.

S: Mein Punkt ist, dass wir realistisch über die Sicht-
und Fühlweisen von Menschen nachdenken sollten
und versuchen sollten, die dahinterliegenden
Mechanismen zu verstehen. Affinitäten und Abnei-
gungen sind ja Resultate von sozialen, politischen
und ökonomischen Prozessen, sie entstehen als Teil
einer gelebten und geschaffenen Realität.
Dass sich Europäer*innen miteinander solidarisieren, sollte uns heute nicht verwundern: Das haben
sie auch schon in ihren vielen Siedler*innenkolonien
getan, wo sie ihre Differenzen zugunsten des geteilten europäischen Interesses einer Unterwerfung

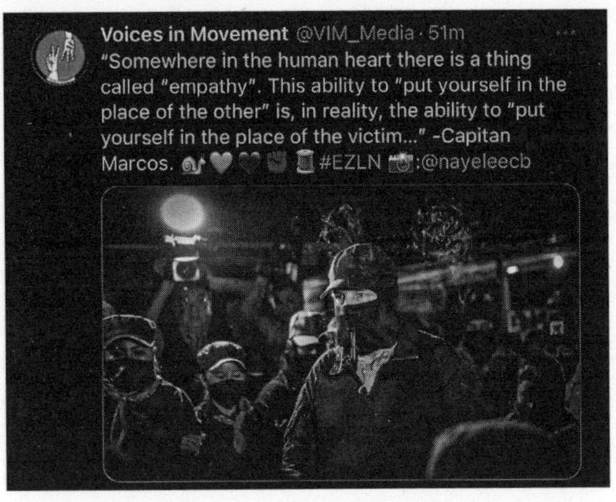

Nicht-Europas überwunden haben. Diese Solidarität der Weißen beruht im Kern darauf, dass sie sich in der von ihnen geschaffenen Kategorie des Menschen einen Platz zugeschrieben haben, den sie Nicht-Europäer*innen abgesprochen haben. Ihre eigene Idee der Menschlichkeit beruht auf der vermeintlichen Unmenschlichkeit der anderen. Im Fall der Ukraine reduziert sich dieses historisch gewachsene Paradigma auf etwas Banales wie: Sie können den Schmerz der Ukrainer*innen nachempfinden, weil sie sich selbst in ihren Körpern wiederentdecken. So à la „Es könnten auch wir sein". Und diese Nähe wird auch immer wieder rhetorisch von Politiker*innen wie Annalena Baerbock und Ursula von der Leyen heraufbeschworen, um Unterstützung für ihre politischen Entscheidungen unter den Bürger*innen zu gewinnen. Das führt dann zu großzügigen Waffenabos für Selenskyj und einem privilegierten Zugang für ukrainische Geflüchtete im EU-Asylregime. Es geht aber im Grunde gar nicht wirklich um Ukrainer*innen, es hätten auch Lett*innen oder

Pol*innen sein können – nicht aber zum Beispiel
Somalis oder Uighur*innen. Es geht auch darum,
was Westeuropäer*innen in Putins Russland sehen,
wie sie sich davon abgrenzen wollen und wie dieser
Versuch in eine fast fundamentalistische Form
der Solidarität mit der Ukraine umgemünzt wird.

M: Hmm. Was meinst du mit fundamentalistischer
Form der Solidarität? Willst du darauf hinaus,
dass die Solidarität Deutschlands mit der Ukraine
etwas Absolutes an sich hatte, da die staatliche
Subvention mit Boykottaufrufen und Sanktionen
einherging?

S: Zu Beginn des Ukrainekrieges haben wir in
Deutschland beobachten können, wie schnell
eine institutionelle Form der Solidarität zur
Staatsdoktrin werden kann; und wie der Staat für
seine Bürger*innen entscheidet, mit wem wir
in Solidarität stehen sollen und mit wem nicht.

M: Wir kennen das ja bereits in Form der deutschen Staats-Solidarität mit Israel.

S: Genau. Aber lass uns noch kurz beim Beispiel der Ukraine bleiben. Nachdem Putin in die Ukraine eingefallen war, tauchten überall in Deutschland ukrainische Staatsflaggen auf. Ob am Eingang von Ministerien, Rathäusern, den Dächern von Museen und anderen Kulturinstitutionen, und, das darf natürlich nicht fehlen, als kitschige Lichtprojektionen auf dem Brandenburger Tor in Berlin. Ukrainesolidarität zierte den Himmel über Deutschland, der gleichzeitig von russischen Zivilflugzeugen befreit wurde, da ihnen die Über- flugrechte entzogen worden waren. Hinter diesen dramatischen Kulissen wurden politische, öko- nomische, soziale und kulturelle Beziehungen zu Russland eingefroren oder vollkommen abgebrochen. Es entstand von heute auf morgen eine nationale Boykottkultur, die von der Regierung gestaltet wurde, die die Zivilbevölkerung implizit und explizit zur Beteiligung ermutigte. Bestimmt wurden die unterschiedlichen Formen der Solidaritätspraxis von vielen Ukrainer*innen positiv angenommen. Doch es waren nicht nur Ukrainer*innen, die dieses Flagge-Zeigen beobachteten, sondern auch andere, die sehen konnten, zu welchem Grad an Solidarität die deutsche Regierung und Bevölkerung fähig ist, wenn sie sich denn betroffen und berührt fühlen – und es im Sinne der außenpolitischen Interessen ist.

Als Teil dieses staatlich sanktionierten anti- russischen Klimas fanden aber auch Übergriffe auf russische Restaurants, Clubs, Supermärkte sowie sowjetische Kriegsdenkmäler in Deutschland statt. Parallel dazu kam es zu Razzien, zum Beispiel beim Kultur- und Veranstaltungsort Das Russische Haus in Berlin, dem russischen Äquivalent zum Goethe-Institut. Der deutsche Staatsboykott war scheinbar so allumfassend, dass er selbst vor Wirtschaft und Wissenschaft keinen Halt machte. Langjährige bilaterale Projekte, Vorhaben und andere Kollaborationen, in denen schon Unmengen von öffentlichen und privaten Geldern gesteckt wurden, mussten plötzlich, und entgegen der Kritik vieler, auf Staatsbeschluss für beendet erklärt werden. Solidarität mit der Ukraine wurde zu einer Staatsdoktrin erklärt, die auf allen Ebenen statt-zufinden hatte und der jede Institution zu folgen hatte. Das sieht man* auch in der Kunst- und Kultur-szene, wo ukrainischen Künstler*innen Möglich-keiten und Förderungen geboten werden, wie wir es selten erlebt haben.

M: Es ist schon interessant zu beobachten, was alles möglich ist, wenn es im Interesse des Staates ist. All die solidarischen Instrumente politischer und diplomatischer Arbeit, die einem Staat zur Verfügung stehen, kamen zum Einsatz. Was an anderer Stelle zu weit geht, war hier angemessen oder sogar nicht genug. Das beweist doch, dass es selten an Mitteln fehlt, sondern an politischem Willen und an ökonomischem Interesse, eine Hal-tung in Taten zu übersetzen. Und dieser Einsatz folgt eben nicht dem sogenannten Universalismus der Rechte und der Gerechtigkeit, sondern dem Partikularismus geopolitischer Formationen.

S: Es reicht der Blick auf die nationalen Rüstungsindustrien und Waffenlieferungen. An ihnen kann
man* nicht nur erkennen, in welche Richtungen
politische und wirtschaftliche Bündnisse gehen,
sondern auch, welche ideologischen Motivationen
sie verfolgen. Für die Ukraine wurden in den letzten
Jahren mehrere Milliarden an EU-Rüstungshilfen
freigestellt und Selenskyj in westeuropäischen
Parlamenten auf seiner Tour für zusätzliche materielle Leistungen im Kampf gegen Russland hofiert.
Letztes Jahr war ich bei einer Ausstellungseröffnung von Exil-Künstler*innen aus Myanmar,
bei der auch ein Vertreter des National Unity
Government of Mynamar, also der Exilregierung,
sprach. In seiner Rede bat er die deutsche Regierung
ebenfalls um Waffen für die verschiedenen
Widerstandsbewegungen und deren Kämpfe gegen
die burmesische Junta und für ein freies und
demokratisches Myanmar. Es war interessant
wahrzunehmen, dass die Rede nicht unbedingt zum
Ort und Anlass passte.

M: Und dann haben sich Kurator*innen
an ihrem Sekt verschluckt?

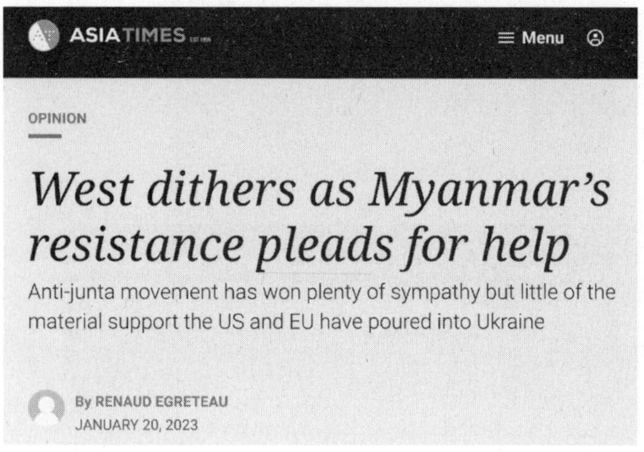

S: Haha, nein, aber es war plötzlich irgendwie
eine unbeholfene Stimmung im Raum. In dem
Moment zeigte sich, glaube ich, das Problem, dass
die deutsche Bundesregierung und das deutsche
Parlament das National Unity Government of
Myanmar – anders als Selenskyj – nicht hofieren.
Dem Unity Government fehlt also schlichtweg
die Möglichkeit, seine Interessen gegenüber
Deutschland öffentlichkeitswirksam zu kommunizieren. Deshalb geschah das statt im Bundestag
während einer Ausstellungseröffnung.

M: Wobei die Ausstellungseröffnung kein so
abwegiger Ort für eine solche Forderung ist,
wenn man* bedenkt, dass auch Selenskyj in allen

86

möglichen Räumen den ukrainischen Widerstand bewerben darf. Ob bei den Grammys, den
Golden Globes, auf den großen Filmfestivals
in Cannes und Venedig oder der Berlinale.
Und sogar an der New Yorker Börse! Nicht zu
vergessen die prominente Vogue-Cover-Story mit
seiner Frau, inszeniert von der Star-Fotografin
Annie Leibovitz.

S: Du hast vollkommen Recht. Schließlich werden
Kunst- und Kulturveranstaltungen häufig staatlich
gefördert und sind ein Teil außen- und innen-
politischer Brandingkampagnen von Staaten.
Doch die Ansprache des Exilregierungsvertreters
war offensichtlich so formuliert, dass sie mehr in
ein Parlament, als in die Ausstellung eines privaten
Stiftungshauses gehörte. Und es offenbarte den

Umgang mit außerstaatlichen Widerstandsbewegungen – selbst mit denjenigen, die sich an
sogenannten demokratischen Werten orientieren:
Ihnen wird der Zugang zu den Staatsinstitutionen,
ganz zu schweigen von Rüstungshilfe, schlichtweg
verwehrt. Deshalb musste die Bitte um staatliche
Unterstützung auf einer Vernissage stattfinden.
Und auch wenn die deutsche Regierung die Junta in
Myanmar kritisiert und sanktioniert, so sieht sie,
anders als bei der Ukraine, keine Notwendigkeit zur
aktiven Unterstützung der lokalen Widerstandsbewegungen. Derweil hat das gleiche Deutschland
aber keine Bedenken, freizügig Waffen an Staaten
zu exportieren, die für Menschenrechtsverletzungen
bekannt sind.

M: Ja! Dazu zählen Ägypten, Saudi-Arabien,
Indonesien, Israel oder auch die Türkei, um einige
bekannte Beispiele für menschenrechtsmiss-
achtende Staaten zu nennen. An dieser Stelle
muss betont werden, dass die Rüstungsindustrien
als bedeutsame nationale Wirtschaftsfaktoren
im Zentrum staatlicher Interessen stehen. Das
Ausweiten dieser staatlich geförderten Industrie
ist entscheidender für Regierungen und
Unternehmen als das Festhalten an abstrakten
Ideen der sogenannten Menschlichkeit und
demokratischen Werten. Und im Fall von Israel
wird diese militärische Beziehung sogar als
Solidarität verklärt; eine Solidarität, die sich
dann wohl gemessen an den Rüstungsexporten
seit der Gaza-Invasion im Oktober 2023 von
32 auf 303 Millionen Euro verzehnfacht hat.

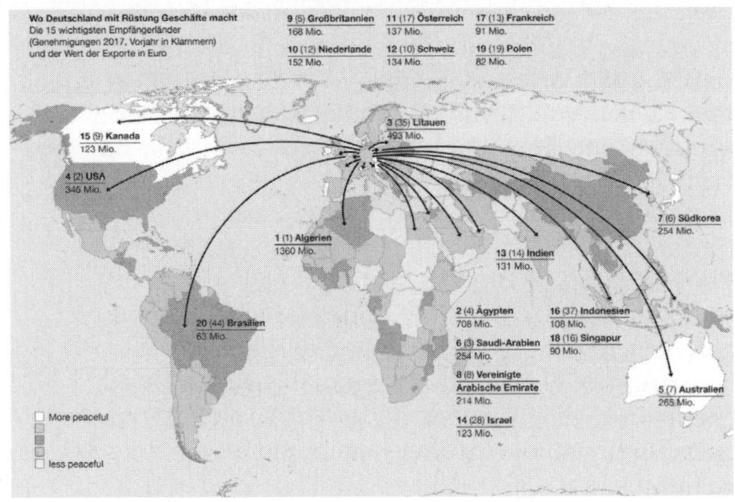

S: Waffenexporte fallen ja oft in den Fokus
linker Kritik.

M: Ja, Palestine Action ist so eine linke pro-
palästinensische Gruppe, die in Großbritannien
auf die Störung der Waffenproduktion und ihren
Handel mit Israel abzielt. Sie nutzen strategischen
Vandalismus gegen in Großbritannien ansässige
israelische Waffenfabriken wie Elbit Systems, um
deren Produktion zu sabotieren. Das Kollektiv
organisiert sich autonom in mehreren Zellen. Im
Vordergrund stehen weiße und privilegierte Mitglieder, die sich in medienwirksamen Aktionen bewusst solidarisch sichtbar und angreifbar machen,
während die prekärer lebenden nicht-weißen
Personen ohne westliche Staatsbürger*innenschaft

verdeckt arbeiten. Das ist eine praktische Form
der Solidarität, die sich um materielle Verhältnisse organisiert und dabei die globale Verwoben-
heit von Konflikten und Rüstungsindustrie
sichtbar macht.

S: Das finde ich interessant. Das strategische
Positionieren privilegierter Mitglieder einer
Gruppierung an vulnerableren Stellen ist ja
mittlerweile ein verbreitetes Prinzip, um ihre
Körper als Schutzschilde gegen etwaige staatliche
Repressionen zu nutzen, die weniger privilegierte
Leute mit größerer Wahrscheinlichkeit und
schlimmeren Konsequenzen treffen würden. In
anderen Protesten macht man* dagegen auch schon
mal das komplette Gegenteil: Marginalisierte
Mitglieder werden vorangestellt, um sie sichtbarer
zu machen und damit im Kampf zu zentrieren. Ich
mag diese Protestchoreografien und das Reflektieren
darüber, wie Proteste strategisch gestaltet werden
können, um sich gegenseitig zu unterstützen und
einer Sache gerechter zu werden. Wie lässt sich der
Kampf erfolgreich propagieren?
    Das erinnert mich an eelam-tamilische Proteste
2008 und 2009 in London. Bei den Demonstrationen
standen häufig Frauen mit Kleinkindern und Kinder-
wagen in der ersten Reihe, um damit eine physische
Barriere gegen die Polizei zu bilden. Die Protestie-
renden reagierten damit auf rassistische und patriarchale Stereotypen gegenüber ihren Körpern,
indem sie durch die Sichtbarmachung ihrer Vul-
nerabilität als Mütter und Kinder westliche Vorstellungen sogenannter schützenswerter Zivilist*innen
bedienten. Und das mit Erfolg! Diese Strategie
wurde aber auch direkt in den britischen Tabloids

90

skandalisiert, die uns vorwarfen, Frauen und Kinder
als „Human Shields" zu nutzen. Warum aber wird
die Anpassung und Mobilisierung entlang dieser
von ihnen geschaffenen politischen Realitäten
kritisiert, nicht aber die gesellschaftlichen Standards,
die manche Körper als zahm und hilfsbedürftig,
andere als bedrohlich und aggressiv kategorisieren?

M: Ich verstehe sofort, was du meinst. Das ist bei
den Debatten um Flucht und Krieg ja auch immer
wieder Thema. Als hätten es Männer, ob jung
oder alt, nicht verdient zu überleben! Ich erinnere
mich, wie nach der Machtergreifung der Taliban
in Afghanistan Ende 2022 eine ähnliche Logik
Anwendung fand. Die deutsche Aktivistin und
Filmemacherin Theresa Breuer postete damals
auf Instagram, dass man* jetzt „nur noch" Frauen
evakuieren sollte. Diese Aussage war umso
grotesker, weil sie als Person in Zusammenhang
mit der Initiative Kabul Luftbrücke stand und

91

damit zumindest dem Anschein nach direkt in der
Position war, zu entscheiden, welchen Menschen
geholfen werde.

Die Solidarität weißer Feminist*innen mit
nicht-weißen Frauen tendiert oft dazu, die
Männer jener Herkunft zu essentialisieren. Im
schlimmsten Fall werden die Männer regelrecht
dämonisiert, als wären sie alle Unterdrücker
und in Komplizenschaft mit dem Gewaltsystem.
In plakativer Sprache, teilweise sogar innerhalb
ihrer Organisationsstrukturen, entziehen sie
den Männern gezielt ihre Solidarität. Faktoren
wie Klasse, Konfession, Sexualität oder Gesund-
heit werden dabei völlig außer Acht gelassen.
Im konkreten Zusammenhang von Afghanistan
gab es zum Beispiel Frauen, die die Taliban
willkommen hießen, während es Männer gab,
die um ihr Leben fürchteten. Die imperiale
Hierarchisierung der Opfer reduziert die Brüder,
Väter, Söhne und Partner zu Feinden von Frauen
und als Hindernisse für eine Befreiung durch den
Westen. Wie wir uns ja hoffentlich noch erinnern
können, war es diese Art der US-amerikanischen
Solidarität mit afghanischen Frauen 2001, die
unter anderem als diskursive Legitimierung
in Anschlag gebracht wurde, um große Teile der
Bevölkerung, ob Mann oder Frau, für mehr als
zwei Jahrzehnte durchgehend unter dem Vorwand
der sogenannten Befreiung zu bombardieren.
Deshalb werde ich sofort hellhörig, wenn es eine
rhetorische Unterscheidung von schützenswerten
und nicht-schützenswerten Zivilist*innen gibt.
Denn jeder exklusive Schutz bedeutet General-
verdacht gegenüber anderen, die zum Abschuss
freigegeben werden.

S: Erinnerst du dich noch daran, als deutsche Politiker*innen ukrainische Männer als mutig bezeichneten, weil diese, vermeintlich anders als afghanische Männer, anstatt ihr Land zu verlassen, dort geblieben seien, um ihr Land zu verteidigen? Den afghanischen Männern wurde dagegen vorgeworfen, sie seien feige, da sie den Taliban ohne Kampf das Land überlassen würden. Das ist natürlich rassistisch, patriarchal und schlichtweg falsch, denn es wird zum einen vollkommen ignoriert, wie viele Afghan*innen aller Geschlechter sich schon seit Jahrzehnten den Taliban entgegensetzen. Ebenso wenig wurde der staatliche Zwang, im Land zu bleiben, erwähnt, dem ukrainische Männern unterliegen. Und natürlich gibt es auch etliche ukrainische Männer, die das Land legal oder illegal verließen, um anderswo, etwa in Deutschland, Schutz zu finden. Den deutschen Politiker*innen aber ging es weniger um den Patriotismus der fremden Männer als darum, dass durch die Separation der Männer von ihren Familien die Wahrscheinlichkeit einer Rückführung aus Deutschland nach dem Ende des Konflikts höher ist als bei gesamten geflüchteten Familien. Grundsätzlich möchte ich in diesem Zusammenhang die Frage stellen, wem die Verwaltungskategorie „Zivilist*in" tatsächlich dient.

M: Und ganz ehrlich, im Kontext der globalen Verkettung von Konflikten und vor dem Hintergrund eines profitierenden militärischindustriellen Apparats möchte ich mich an dieser Stelle mal solidarisch aussprechen mit allen Kriegsdienstverweiger*innen, die keine Lust haben, freiwillig für ein Stück Land oder einen Staat zu sterben oder verstümmelt zu werden. Jede Person hat das Recht, zu flüchten und sich dieser Situation zu entziehen.

S: Ich möchte unbedingt auf den Punkt der Zivilist*innen näher eingehen. Oft wird die Idee der sogenannten Zivilist*innen bzw. der Begriff „Zivilbevölkerung" benutzt, um Menschen, deren Regierungen Verbrechen begehen, von ihrer Verantwortung freizusprechen, selbst wenn diese faktisch die gewählten Repräsentant*innen des gleichen Volkes sind. Ich mag dieses Argument nicht unbedingt, vor allem in Kontexten wie Israel, das ja regelmäßig als „einzige Demokratie im Nahen Osten" bezeichnet wird. Als wäre das alleine bereits aussagekräftig über die Qualität des Regierens. Vergleichbare Argumentationsmuster existieren in der Türkei oder in Sri Lanka, wo in ähnlicher Logik behauptet wird, die gewählten Regierungen machen die Politik, nicht aber die Bevölkerungen. Wenn aber die Bevölkerungen tatsächlich innerhalb eines demokratischen Systems leben und dann in der Mehrheit wiederholt ein totalitäres, autoritäres und vielleicht sogar genozidales System an die Macht wählen, dann ist die befürwortende Bevölkerung mit ihrem aktiven Wahlverhalten mitverantwortlich für die Konsequenzen ihrer politischen Entscheidungen. Mehrheiten haben eben nicht automatisch ein Interesse am Wohl von Minderheiten und marginalisierten Gruppen. Menschen können egoistisch sein und sich sehr wohl nach Rechten und Freiheiten für sich selbst sehnen, die sie gleichzeitig anderen Lebewesen absprechen. Unterdrückte Menschen innerhalb solcher Systeme können es sich nicht leisten, so zu tun, als hätten Wähler*innen keinen

Einfluss auf die Politiken, die ihre Leben über-
schatten. Blicken wir doch nach Sri Lanka, einem
kolonialen Staatskonstrukt, das bisweilen als
einzige stabile Demokratie in der Region Südasien
gefeiert wird. Die demokratischen Strukturen
haben aber nicht dazu geführt, dass eine gerechte
Regierungsform durchgesetzt wurde, im Gegenteil:
Die Situation von Eelam-Tamil*innen hat sich mit
den demokratischen Verhältnissen nicht verbessert,
sondern verschlechtert. Denn die singhalesische
Mehrheitsgesellschaft hat wiederholt anti-
tamilische Politiker*innen an die Macht gewählt.
Eine Diskussion, die diesen Umstand nicht
anerkennt, finde ich unehrlich und frustrierend.

M: Das verstehe ich. Wenn man* immer davon
spricht, dass der Konflikt nicht zwischen den
Völkern, sondern lediglich zwischen ihren Machthabenden besteht, dann müssen wir uns auch die
Frage stellen, woher die Regierung in einem demokratischen Staat kommt. Und wir müssen darüber
sprechen, dass Demokratien nicht immer liberal
und gerecht sind, sondern, wie du meinst, auch
Gewalt durch Mehrheiten rechtfertigen können.

S: Und der Volkswille kann auch darin zum Ausdruck
gebracht werden, dass eine Regierung, die Gewalt
gegen Minderheiten verantwortet, von der Mehrheit
der Bevölkerung nicht an ihrer Politik gehindert
oder sogar von ihr unterstützt wird. Nach dieser
Logik muss der sogenannte Volkswille der Mehrheit
als eine Grundlage für die Genozide in Ruanda, in
Tamil Eelam oder Biafra verstanden werden. Sie alle
waren teilweise auch Ausdruck von Volkswillen, da

die jeweiligen Regierungssysteme von einer signifi-
kanten Bevölkerungsgruppe getragen wurden,
die selbst im Angesicht solcher Gewalt keinen
Kurswechsel und Systemsturz einleitete. Doch von
der Verantwortung für die Gräueltaten, die so
oft mit Ressourcenkämpfen zu tun haben, werden
diese Bevölkerungsgruppen immer wieder frei-
gesprochen. Das ist schon faszinierend.

Die Gleichsetzung von Demokratie mit etwas
Gutem ist natürlich naiv, weltfremd und sehr
europäisch. Der europäische Blick romantisiert
Demokratie oftmals, während er selten ihre
imperialen und gewaltvollen Dimensionen sieht.
Das europäische Konzept der Demokratie wurde
mit Gewalt und auf Grundlage des Zivilisations-
gedankens globalisiert und unterliegt mittlerweile
einer Unschuldsvermutung, während es alternative
Modelle des Verwaltens und Regierens zerstört
hat. Noch heute wird von hier aus das europäische
Modell der Demokratie in die Welt gesandt, und
das nicht selten unter Androhung oder sogar
mit Hilfe faktischer Gewalt. Wir müssen gar nicht
weit blicken, um zu verstehen, was der Demos
alles bewirken kann und dass Demos auch Gefahr
bedeuten kann. Die letzten Wahlen in Deutschland,
Italien, Frankreich oder Großbritannien zeigen
uns doch sehr klar, dass Volkswille nicht immer
Gleichheit und Gerechtigkeit bedeutet. Ich meine,
wir kennen doch die deutsche Geschichte.

M: Ja, die NSDAP wurde bekanntermaßen auch
demokratisch gewählt. Und trotzdem können
wir beobachten, wie im Rückblick oft von
„Machtergreifung" die Rede ist, dabei wäre doch
„Machtübergabe" viel treffender.

Wenn wir über Minderheiten sprechen, finde ich es auch wichtig anzumerken, dass Minderheiten nicht gleich marginalisierte Gruppen sind. Es gibt Machtkonstellationen, in denen Minderheiten, obwohl demografisch kleiner, überproportional viel Macht ausüben. In Bahrain, in Äthiopien oder im Irak zum Beispiel wurden ethnische und/oder religiöse Mehrheiten von Minderheiten systematisch unterdrückt.

S: Stimmt. Vielleicht ist es hier besser, von minorisierten Gruppen anstatt von Minderheiten zu sprechen. Das Gleiche gilt auch für Brahman*innen in Indien, die eine numerische Minderheit ausmachen, aber das Staatswesen disproportional steuern.
Das ist auch in Myanmar der Fall, wo die Bamar-Mehrheit lange Teil eines Staatswesens war, in dem die Rohingya ebenso wie die Karen, die Shan, die Chin und andere Minderheiten verfolgt wurden. Diese Verfolgungen wurden über Jahrzehnte hinweg von der Mehrheitsbevölkerung gerechtfertigt und mitgetragen. Und die Soldat*innen, die diese Staatsgewalten gegen Minderheiten umsetzen, stammen ja auch aus der Mehrheitsbevölkerung. Die gleiche Frage können wir uns im Fall von Pakistan stellen: Woraus besteht denn die pakistanische Armee? Oft wird von Armeen gesprochen, als seien sie nicht Teil der Gesellschaft, sondern ein ominöser „Staat im Staat". Aber die Soldat*innen kommen ja irgendwoher; sie haben Familien, sie stammen aus einem Ort, einer Geschichte und sind Teil einer alltäglichen Ökonomie.
In einem Interview erzählte einmal eine Bamar-Aktivistin, die im Widerstand gegen die Militärjunta in Myanmar aktiv ist, wie schlimm die politische

97

Lage dort sei. Im nächsten Moment gestand sie, dass ihr Vater seit Jahren Soldat in der Staatsarmee ist, dass er sich also jahrelang an der Unterdrückung der Minderheiten beteiligt hat. Mich interessiert diese Komplexität, über die selten gesprochen wird; denn oftmals wird so getan, als sei die Exekutive nicht Teil der Gesellschaft. Doch die Soldat*innen und Polizist*innen gehen alle irgendwann irgendwo schlafen, sie haben Partner*innen und Familien, sie haben soziale Beziehungen zu uns und der Gesellschaft. Und sie haben in Demokratien auch das Recht zu wählen. Diese Kategorien sind nicht so absolut, wie es die Sprache manchmal vermuten lässt.

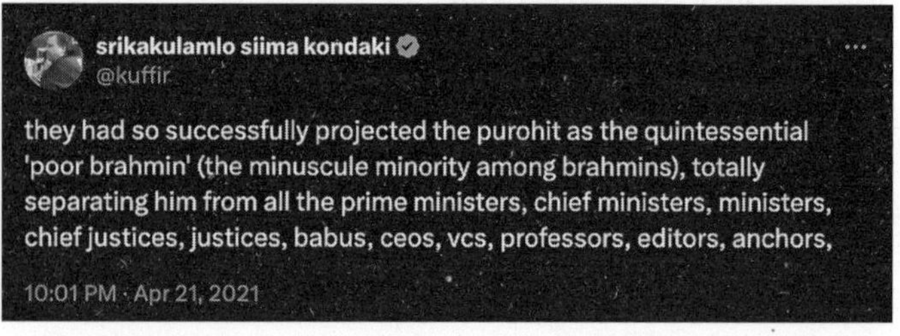

M: Du hast Recht, in Bezug auf die USA hat man doch nach der Wahl von Trump immer wieder gehört, dass rein rechnerisch jede dritte oder vierte Person Trump-Wähler*in ist. Das führt auch zu einer Skepsis gegenüber deinen Mitmenschen, weil es bedeutet, dass du von Menschen mit einer Gesinnung umgeben bist, die nicht an deinem Schutz und an deiner Lebensqualität interessiert sind. Und jetzt, kurz vor den neuen US-Wahlen, lässt sich ein bemerkenswerter Umgang mit demokratischen Wahlen beobachten: Menschen versuchen strategisch mit ihrer Stimme jemanden wie Trump zu verhindern, während aber diese Stimme im selben Moment auch ein „Weiter so", also eine Legitimierung der herrschenden Verhältnisse bedeutet. Viele Menschen aus der pro-palästinensischen Bewegung in den sogenannten USA problematisieren deshalb die Wahl für das „kleinere Übel" Kamala Harris. Denn sie ist ja streng genommen für jede Entscheidung unter Joe Biden und während der Gaza-Invasion 2023-2024 mitverantwortlich. Der Vorwurf der pro-palästinensischen Bewegung beinhaltet auch die strukturelle Legitimation eines Genozids in Gaza. Also wer Kamala Harris wählt, belohnt die Demokraten für ihre militärische Unterstützung dieser Vernichtungsgewalt und normalisiert ihre politischen Entscheidungen bis hierhin.

S: Auf TikTok und X, ehemals Twitter, gab es ja zuletzt hitzige Debatten zwischen palästinensischen und Schwarzen Meinungsmacher*innen in den sogenannten USA, die sich über die Wahlunterstützung für Kamala Harris stritten. In diesen Social Media-Debatten kollidierten, zumindest oberflächlich, Vertreter*innen von zwei der vielleicht derzeit am stärksten sichtbaren antikolonialen Traditionen und Kämpfe.

Ich finde die Reibung interessant, die sich da in den Forderungen, Vorwürfen und Konfrontationen online artikuliert. Ich sehe darin auch ein konstruktives Potential, das eigene Solidaritätsverständnis zu schärfen und anwendbarer für die gelebte und geteilte Realität zu machen. Natürlich gibt es dabei auch destruktive Takes, die uns vielleicht auf die

Gefahr hinweisen, wie soziale Medien ein Miteinander und Füreinander suggerieren können, das
aber bei der kleinsten Reibung in sich zusammen-
zubrechen droht, wenn die Solidaritäts-Slogans in
den Stories und die Flaggen in den Profilen plötzlich
weniger zu werden drohen.

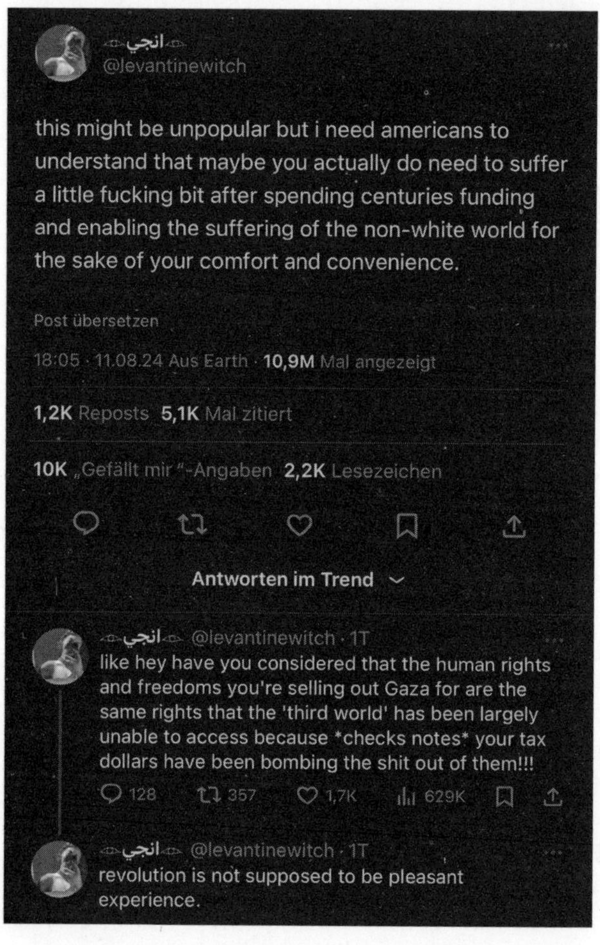

Vielleicht sollte es uns auch nochmals daran erinnern, dass Bewegungen weder auf Individuen noch auf den digitalen Raum reduziert werden sollten und auch nicht unbedingt nur von diasporischen Stimmen vermittelt werden sollten. Es bringt uns auch auf unseren ursprünglichen Gedanken zurück, dass Solidarität ein Bemühen ist, das auch unangenehme Diskussionen auf den Plan rufen kann; dass die damit verbundenen Unannehmlichkeiten aber wichtig sind, da sie Lernpotential in sich bergen.

In diesen Debatten um die Hierarchisierung von Schutz – also die Frage, wessen Interessen oder Kämpfe dringender sind – habe ich mehrmals beobachtet, dass Begriffe wie „Oppression Olympics" oder „Genocide Olympics" fielen. Letzteres ist auch ein Symptom der Zeit, in der wir leben, in der wir von einem Hypergatekeeping des Begriffs Völkermord in eine umgedrehte Situation geraten sind: Plötzlich werden alle Formen von Gewalt zum Genozid erklärt, ohne sich unbedingt in der Tiefe mit der Spezifik dieser Definition von Gewalt zu beschäftigen. Beides ist natürlich fragwürdig. Mein eigentlicher Punkt ist jedoch, dass hier Konkurrenzverhältnisse geschaffen werden, die eine substantielle Bewegung von innen zersetzen können.

M: Ja, die Diskussionen in den unterschiedlichen Gruppen lassen sich gut auf TikTok, Twitter, Instagram und in den dazugehörigen Kommentarspalten verfolgen. Man kann in Echtzeit beobachten, wie eine Allianz in Konflikt gerät, die historisch zusammengewachsen ist, nicht nur durch Denker*innen wie Malcolm X, James Baldwin, Angela Davis oder Cornell West, sondern auch während der nur wenige Jahre zurückliegenden Proteste in Ferguson und später in der Black-Lives-Matter-Bewegung. Selbstverständlich sind diese überproportional lauten Stimmen auf den sozialen Medien nicht unbedingt repräsentativ für die politischen Bewegungen, für die sie behaupten zu sprechen. Aber sie streiten wirksam in einer Öffentlichkeit, die das Denken und Handeln vieler Zuschauer*innen beeinflussen kann. Die Stimme für Harris, ob aus naiver Hoffnung oder praktischer Schadensbegrenzung, schafft einen Interessenkonflikt zwischen denen, die ihre innenpolitischen Verhältnisse schützen möchten, und denen, die eine systemische Veränderung fordern, die eine politische Unordnung mit sich ziehen kann. Die Sorge hierbei ist, dass die potentielle Gewalt des politischen Wandels mit großer Wahrscheinlichkeit die Schwarze Bevölkerung in den sogenannten USA am stärksten treffen würde. Dieser Interessenkonflikt ist ein entscheidender Moment, die Differenzen entweder auszuhalten, auszudiskutieren oder anders zu organisieren. Selbst als völlig Außenstehende ist es frustrierend zu beobachten, wie diese Diskussionen geführt werden, mit einer herablassenden Art auf der einen Seite und einer zynischen Abwehr auf der anderen.

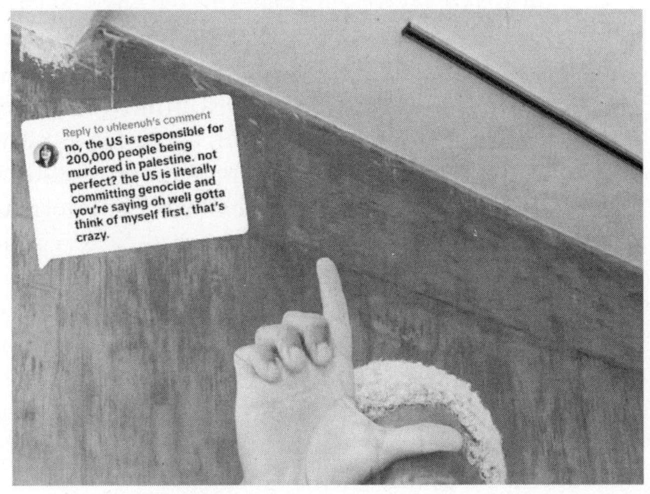

Menschen innerhalb einer Koalition müssen sich gegenseitig von ihren Strategien überzeugen, Orientierung und Alternativen anbieten, um große Mehrheiten zu bilden. Aber oft klingen einige dieser Monologe in den sozialen Medien, die sich bestimmt auch offline wiederfinden, wie Einschüchterungsversuche, politische Kommandos, die mit moralischem Puritanismus oder persönlicher Frustration einhergehen, denen systemische und kollektivistische Weitsicht fehlt. Du hast Recht, womöglich sind das auch wichtige

Streitereien, die zu jeder Bewegung dazugehören.
Aber durch ihre massiven Öffentlichkeiten der
Millionen Follower*innen ziehen sie eine andere
Form der Bloßstellung, des Rufmords und der
individualisierten Schikane nach sich. Mit
Sicherheit lässt sich von zwei, drei Streits nicht
auf einen Bruch der Allianzen schließen, aber es
sind Symptome, die ernst zu nehmen sind.

S: In den sogenannten USA gibt es ja eine lange
Tradition der berechtigten Kritik gegenüber
dem Wahlsystem, das Minderheiten und indigene

Bevölkerungen explizit benachteiligt. Hinzu kommt, dass das Zweiparteiensystem wirkliche politische Alternativen verhindert. Wir kommen nicht daran vorbei, über die Infrastrukturen nachzudenken, die einen bestimmten Volkswillen ermöglichen, während sie einen anderen verhindern. Dabei ist zu bedenken, dass der politische Ausdruck von Menschen nicht auf das Verhalten an der Wahlurne reduziert werden kann. Unser politischer Aktionsrahmen geht viel weiter und findet vor allem auch abseits der Institutionen statt, etwa, wenn in Form von Protesten auf der Straße alternative politische Räume geschaffen werden. Gerade dort besteht das Potential, Begegnungen zu schaffen, die den lokalen Blickwinkel überschreiten. Geschichten von Menschen, von Schmerz, von Forderungen und Erfahrungen können in so einem Zug auf der Straße aufeinandertreffen.

M: Du hast bereits ausführliche Instagram-Stories zur Hierarchisierung von Solidarität und Aufmerksamkeit gemacht. Der sogenannte Nahostkonflikt ist zum Beispiel überdimensional stark in den sozialen Medien präsent – etwa im Vergleich zur Befreiungsbewegung der Belutsch*innen, dem Krieg im Sudan oder den Ausbeutungssystemen in der Demokratischen Republik Kongo. Für dieses Ungleichgewicht wurden Unterstützer*innen der palästinensischen Bewegung von unterschiedlichen Seiten kritisiert; und in den Erklärungsversuchen für diese Staffelung wird oft die Hautfarbe und die geografische Nähe als Grund genannt.

S: Wir können heute zwischen sichtbaren und unsichtbaren Kämpfen unterscheiden: Die einen werden zu globalen Referenzen erklärt, während die anderen in der Abstraktion zurückgelassen werden. Der Einsatz für Letztere erfährt anderswo, fern der Orte, an denen sie sich abspielen, kaum Gewichtung: Die Kämpfe gehen in der Distanz und fehlenden Übersetzung verloren und ihre Relevanz wird auf den Austragungsort beschränkt. Die sichtbaren Kämpfe werden dagegen als universell erklärt und ortsunabhängig zu einem Litmus-Test, also zu einer Prüfung politischer Integrität stilisiert, da sich in ihnen eine ganze Weltsicht ausdrücken soll. Als wäre so etwas überhaupt möglich! Das bedeutet, dass der Einsatz für diese Kämpfe eine

ganz andere Tragweite hat, die sich in soziales
und kulturelles Kapital übersetzen lässt. Sichtbare
Kämpfe, also solche, die sich ihres globalen Interesses und Verständnisses bewusst sind, scheinen in
meinen Augen eher das Anrecht zu verspüren,
Solidarität von Anderen einzufordern, weil sie von
einem Selbstverständnis über ihren priorisierten
Platz in dieser Welt getragen sind.

Ebenso nehmen diejenigen, die in der Unsichtbar-
keit gehalten werden, ihren Platz in dieser Welt wahr.
Sie verstehen, dass sie sich übersetzen müssen, um
relevant zu werden; dass ihre Körper nicht genügen,
um in den Metropolen Menschen zu berühren.
Indem sie sich mit sichtbaren Kämpfen in Verbindung
bringen, hoffen sie darauf, das globale Interesse

auch auf ihr Anliegen zu richten. Dann erscheinen
Flaggen, Graffiti und andere Symbole der als universell erklärten Bewegungen an den Schauplätzen
der eigenen Kämpfe. Oder es werden verkrampft
Vergleiche zwischen den unterschiedlichen Gewalt-
historien erzwungen. Doch dieses Sich-in-Beziehung-
Setzen findet nur selten beidseitig statt. So zuletzt
auch bei der Studierendenrevolution in Bangladesch,
die von vielen Nicht-Bangladeschis online wahrscheinlich erst wahrgenommen wurde, als ihre
Protagonist*innen offenkundige Palästina-Symbole
zur Schau stellten. Häufig wurden dann nur diese
Bilder geteilt und kommentiert, als könnte die
Studierendenrevolution auf ihren solidarischen
Ausdruck zu Palästina reduziert werden. In Vanuatu
oder in Kanaky ist das nicht anders: Sobald die
Menschen dort ihre Solidarität mit Palästina
bekunden und mit ihren eigenen Kämpfen in Verbindung setzen, schwirren diese Bilder mit sehr
viel höherer Wahrscheinlichkeit auf irgendwelchen
Instagram-Kanälen in Paris herum, bis sie letztendlich auch bei uns landen. Das ist wie ein Bandwagon, auf den Menschen aufspringen in dem
Versuch, ihr Anliegen relevanter zu machen.

M: Uff. Du hast so Recht und gleichzeitig bin
ich selbst Teil des Problems. Auch ich sehe
diese Formen der Kommunikation nur, wenn sie
solche Strategien anwenden, also eine westliche
oder englischsprachige Öffentlichkeit bewusst
adressieren. Das ist natürlich dadurch bedingt,
dass ich eben Teil dieser Räume bin und mich
alle möglichen Nachrichten erst erreichen, wenn
sie zumindest ins Englische übersetzt werden.

S: Mir ist es wichtig zu betonen, dass ich, wenn ich die Struktur dahinter zum Gespräch mache, nicht die Ehrlichkeiten dieser Solidaritäten in Frage stellen möchte. Die Benennung solcher Dynamiken kann schnell als Entsolidarisierung oder gar als zynischer Angriff gegen die unterschiedlichen Bewegungen missverstanden werden. Doch das ist in keiner Weise meine Intention. Es sollte uns aber möglich sein, von einem romantisierten Blick auf Solidaritäten wegzukommen, um unangenehme Gespräche führen zu können; Gespräche, die den Schmerz der vielen Vergessenen anerkennen, die als irrelevant für diese Welt erklärt wurden.

In diesen ungleichen Verhältnissen spiegelt sich die geografische Nähe und Distanz zu Europa und Europäer*innen, die bestimmen, wessen Leid und Widerstand gesehen und wessen Geschichten ignoriert werden. Würde es irgendwen interessieren,

wenn Kanak*innen ihre Solidarität mit den Shan
in Myanmar bekunden? Ich glaube nicht. Weder in
Kanaky noch in Myanmar noch hier. Es würde an
uns allen vorbeigehen. Das bedeutet, dass Solidarität
tatsächlich nur in eine bestimmte geografische Richtung geht, die hauptsächlich von und durch Europa
und seine Siedler*innenkolonien bestimmt wird.

M: Hmm. Na ja, aber Solidarität findet überall
unter allen möglichen Gruppen statt, wir müssen
sie ja nicht im Westen erkennen können, damit
sie existiert und Veränderung für Menschen bringt.
Nur um global relevant zu werden, müssen sie
die Aufmerksamkeit der imperialen Metropolen
gewinnen, oder meinst du was anderes?

S: Ja, das meine ich mit der kolonialen Infrastruktur,
in der wir noch immer leben und in der unsere gegenseitige Begegnung sehr viel wahrscheinlicher in
der Kolonialmetropole als in der Kolonie stattfindet.
So war am Beispiel der Rohingya 2016 zu beobachten,
dass der an ihnen verübte Völkermord für große
Teile der Welt erst verwertbar und relevant wurde,
als Al Jazeera und andere Medien in den Golfstaaten
aus ihrer *Umma*- und muslimischen Perspektive her-

aus die Rohingyas als Rohingya-Muslime titulierten.
Ihre Benennung als muslimische Minderheit schuf
einen breiten Referenzrahmen innerhalb einer abra-
hamitischen Weltordnung. Wären Rohingya zum
Beispiel in ihrer Mehrheit Hindus statt Muslim*innen,
wäre die Konstruktion eines solchen Referenz-
rahmens nur schwer möglich. Mit den Bamar in
Myanmar konnte man* dagegen weniger anfangen,
weil Buddhist*innen aus dem Verständnisrahmen
vieler Abrahamit*innen fallen. Man schreibt ihnen
absolute Gewaltlosigkeit zu und essentialisiert sie
damit zu kolonialen Tropen. Die Übersetzbarkeit
der Rohingya – oder vielmehr die Konsumierbarkeit
ihrer Geschichte für einen anderen Teil der Welt –
fehlt in vielen Konflikten. Die Völkermorde in Tigray
oder in Tamil Eelam lassen sich aus diesem Grund nur
schwer für die Menschen hier verständlich machen.

M: Ich kann mich noch an die Anfänge der Bombardierungen von Gaza letzten Oktober erinnern,
als eine Reihe von jungen Journalist*innen und
Influencer*innen ihren Alltag auf Englisch teilten
und die Situation vor Ort erklärten. Lauter
Menschen, ob in Houston oder Köln, entwickelten
parasoziale Beziehungen zu ihnen und ihre Videos
wurden millionenfach geteilt. Beim Ansehen der
Videos habe ich mir die ganze Zeit versucht vor-
zustellen, wie tragisch es sein muss, inmitten
einer lebensbedrohlichen Lage in einer Fremd-
sprache das eigene Fliehen und Sterben seiner
Nächsten moderieren zu müssen, in der Hoffnung,
dass es die zusehenden Menschen bewegt. Gleichzeitig fanden diese Videos in derselben Auf-
merksamkeitsökonomie wie Make-up Tutorials
oder Food Video Blogs statt, im selben Format,

in derselben Länge und sogar manchmal in
ähnlichem Schnitt und Stil. Zu welchen Mitteln
die Menschen greifen müssen, um Empathie
für sich und das eigene Überleben zu bekommen!

S: Ah! Das erinnert mich an die Protestposter in
nicht-europäischen Ländern, auf denen bewusst
imperiale Sprachen eingesetzt werden, um gezielt
ein ausländisches – und kein lokales – Publikum
zu erreichen.

M: Die Frage der Empathie beschäftigt mich
schon länger. Denn sie verlangt immer von den
Betroffenen außerhalb der Machtzentren, sich
aus der Peripherie zu erklären, sich zu beweisen
und sich zu rechtfertigen. Sie müssen sich so
ausdrücken, dass diejenigen in der Mehrheit oder
an der Macht sie sehen, verstehen und tolerieren.
Diesem Blick müssen sie sich unterordnen und
anpassen, sodass die Zuschauenden nicht wegen
ihrer Andersheit irritiert sind. Nach dieser Logik
wäre ein möglichst hoher Grad der Gleichheit
die Voraussetzung für Empathie, aber ebenjene
Gleichheit fordert nur von den Unterdrückten,
sich anzubiedern und die eigenen Differenzen
zu verbergen. Und was ist, wenn die Differenzen
überwiegen? Haben sie dann keine Empathie
und Gerechtigkeit verdient? Zum Beispiel
beobachte ich, wie die Emotionalisierung von
Debatten um Geflüchtete und Verfolgte zu einer
Eindimensionalität unserer Wahrnehmung führt:
Menschen werden zu reinen Opfern stilisiert,
anstatt sie als politische Akteur*innen wahrzunehmen, die sich gegen einen Zustand ent-

scheiden, indem sie ihn verlassen, um ein besseres Leben zu fordern und Widerstand zu leisten.

S: Du hast Recht. Auf der einen Seite steht die verzweifelte Suche der Betroffenen nach Empathie, auf der anderen Seite steht die Gefahr der Überidentifikation der Außenstehenden.

Mich irritiert auch die Vereinnahmung des Leids der Anderen: Wenn ich arabischen Freund*innen manchmal zuhöre, verformt sich deren Sprache irgendwann so sehr, dass ihr „Wir" ununterscheidbar wird und man* meinen könnte, sie selbst seien Palästinenser*innen. Oder noch viel grotesker und makaberer, wenn Menschen mit Nazihintergrund über jüdisches Leid reden, so als wäre es ihr eigenes. Bei der Überidentifikation mit Palästinenser*innen sehe ich klar die solidarische Komponente, und in Fällen wie zum Beispiel Libanon auch die unmittelbare eigene militärische Verwicklung mit Israel, die sich nicht nur in Luftombardierungen, Massakern und Vertreibungen äußert, sondern auch der militärischen Besatzung des Südlibanons (1982–2000). Bei den Menschen mit Nazihintergrund erkennt man* dagegen die Fortsetzung einer genozidalen Gewaltkette, bei der die Betroffenen aus ihren eigenen Geschichten des Schmerzes verdrängt werden, indem die Nachkommen der Täter*innen ihre Sprechpositionen besetzen. Die Vereinnahmung des palästinensischen Leids durch Araber*innen erinnert mich dagegen eher an Tendenzen, die ich auch in Eelam beobachte, wenn sich kontinentale Tamil*innen etwa mit uns solidarisieren, aber in diesem Akt häufig auch unsere Erfahrungen für sich beanspruchen. Genauso vereinnahme ich aber auch die Erfahrungen anderer, wenn ich hier, im

113

Exil, von „unseren Erfahrungen" spreche, denn meine
Erfahrungen sind auch spezifisch: Ich kann zum
Beispiel nicht direkt für die 2009 vom sogenannten
Sri Lanka ermordeten Hunderttausenden Eelam-
Tamil*innen und ihre Familien sprechen.

M: Weißt du, je mehr wir darüber sprechen,
desto mehr nehme ich Identität und Identifikation
als Hindernis für eine solidarische Welt wahr.
Auch wenn ich anerkennen kann, dass wichtige
politische Arbeit über Identitätspolitik geleistet
wurde und ich dir Recht gebe, dass es für eine Aussage entscheidend ist, ob sie von einer deutschen,
einer libanesischen oder einer palästinensischen
Person getroffen wird, bleibt sie ein Mittel zum
Zweck, aber darf nicht zum Endpunkt politischer
Mobilisierung werden.

Aruna D'Souza fragt in ihrem neuen Buch
Imperfect Solidarities (2024), wie Solidarität ohne
Gleichheit als Voraussetzung aussehen könnte.
Sie fragt nach der Fähigkeit, Empathie zu empfinden, die nicht durch Differenz und Anders-
artigkeit gehindert wird: „What if we imagined
a form of political solidarity that was not based
on empathy but on its opposite – on imperfect
solidarity" – Wie können wir solidarisch sein,
ohne unser Gegenüber vollständig zu verstehen?
Mir hat dieser Ansatz bei Aruna D'Souza sehr
gefallen, weil er meinem eigenen Anspruch
entspricht. Ein solcher Ansatz widersetzt sich
jeglicher Idee von Integration und Unterordnung
und zielt auf ein radikal anderes Verständnis
von Gemeinschaft, in welchem nicht Konsens auf
Kosten der Marginalisierten gefordert wird,
sondern Koalitionsbildung, und zwar auf Grund-

lage einer ständigen Auseinandersetzung mit
den vielen damit einhergehenden Unterschieden
und Widersprüchen.

Wie ordnest du die Frage nach Empathie im
Zusammenhang mit der Zirkulation von Bildern
leidender Menschen ein? Glaubst du, sie führen
zu einer verflachten Emotionalisierung statt
zu einer adäquaten Machtanalyse? Können sie
überhaupt zu mehr Solidarität führen oder füttern
sie in erster Linie einen Voyeurismus?

S: Ich würde das nicht per se kritisieren, im Gegenteil: Prinzipiell befürworte ich Dokumentation,
denn es besteht die Notwendigkeit zu dokumentieren.
Seit der kolonialen Moderne sind Dokumentationen,
ob in bildlicher oder schriftlicher Form, entscheidend dafür geworden, überhaupt die Existenz von
etwas zu bekunden. Nur was in Dokumenten ab-
gebildet ist, galt von da an als real und erinnerungs-
würdig, als etwas, das konserviert und damit die
Zeit und den Körper überleben kann. Das bedeutete
auch, dass mit der Zerstörung außereuropäischer
Welten und Kulturen andere Traditionen, etwa die
der oralen Wiedergabe von Information, zunehmend
verschwanden oder eine Abwertung erfuhren. Es
waren kaum Alternativen verfügbar, die das eigene
Dasein in dieser Welt auf nachhaltige Weise mani-
festieren konnten. Dadurch wurden Kolonialisierte
gezwungen, zur Dokumentation zu greifen, um
unser Selbst und unsere Lebensumstände für andere,
oft aber auch für uns selbst, greifbar zu machen.
Gewalt muss heute dokumentiert werden, um als
solche wahrgenommen zu werden. In Kontexten, in
denen die Medien- und Bildmacht so ungleichmäßig
verteilt ist, dass die Wahrheit leicht manipuliert

115

werden kann, ist die Gegendokumentation nicht nur die Reaktion auf ein bestehendes Machtungleichgewicht, sondern sie muss als Gegenwaffe verstanden werden. Es ist enorm wichtig, dass auch die Machtlosen und Nichthabenden die Kamera in die Hand nehmen, um selbst ihre Realitäten im Bild einzufangen. Nur so können sie ihre eigenen Geschichten erzählen.

Die Frage, was dargestellt wird, ist eng verknüpft mit der Frage, wer es darstellt und mit welcher Intention es ins Bild kommt. Im eelam-tamilischen Kontext, im Kontext der Dalit-Bewegung oder auch der kaschmirischen Bewegung schrecken viele Menschen nicht davor zurück, körperliches Leid sehr konkret darzustellen. Denn sie wissen, dass sie als Lebewesen und Leidtragende nicht wahrgenommen werden. Sie sind gezwungen, ihr eigenes Leid zu instrumentalisieren, um die Verneinung ihrer selbst, die sie erfahren, zu bekämpfen. So richten sie die Kameras häufig in Momenten des absoluten Schmerzes gegen sich selbst und entblößen sich dabei vor der Welt, um ihre eigene Machtlosigkeit zu überwinden; um von der Welt als leidend, kämpfend, also *real* wahrgenommen zu werden. Ich finde es schwierig, auf deine Frage eine kategorische Antwort zu geben, es ist, denke ich, von Fall zu Fall unterschiedlich. Wie siehst du das?

M: Ich versuche mal, mit Susan Sontags Essay *Regarding the Pain of Others* (2003) zu antworten. Darin stellt sie die Frage, ob die Darstellung von Leid dazu führt, dass wir Leid verhindern. Sie untersucht, wie Kriegsfotografie durch ihre Verbreitung und einen gewissen *Schock-Value* Gefühle und Vorstellungen von Konflikten und dem Leid

What are you going to do with the video?
They are killing everyone
Can you hear us?

der Anderen prägt. Was bedeutet es, generische
oder anonyme Darstellungen von Leid zu sehen,
wenn wir ihre Spezifitäten nicht kennen? Je
symbolhafter – also abstrakter – die Darstellung
von Leid und Krieg, desto geringer auch unser
Mitgefühl, oder? So kommen zum Beispiel
Momente zustande, in denen Justin Bieber oder
Jamie Lee Curtis Bilder von der Zerstörung
und dem Leid in Gaza teilen, aber eigentlich ihr
Mitgefühl für die Opfer des 7. Oktober ausdrücken
wollen. Die Bilder der Opfer israelischer Bombardierungen kontextualisierten sie in ihren
Instagram-Stories also versehentlich mit Texten,
die Mitgefühl mit Israel selbst ausdrücken.

Müssen wir wissen, wer warum leidet, damit
wir mit ihnen fühlen können? Die Darstellung
von Leid ist als solches noch nicht Kritik; erst ihre
Einordnung und Interpretation führt zu einem
politischen Potential, etwa, wenn die hervorge-
rufenen Emotionen zum Widerstand gegen Krieg
führen. Entscheidend ist nicht, dass wir wissen,
dass es Leid gibt, sondern, wie dieses Leid vermittelt wird und in welchem Verhältnis wir uns
dazu befinden. Die Vorstellung, dass das Bild
von Leid allein eine universelle und für alle selbst-
verständliche Bedeutung offenbart, ist nach
Sontag eine Art Wunschdenken. Diese Bilder sind
keine objektiven Beweise für Ungerechtigkeit,
sondern Medium und Projektionsfläche der
politischen Realität. Unterschiedliche Menschen
haben zu unterschiedlichen Zeitpunkten an
unterschiedlichen Orten sehr gegensätzliche
Reaktionen beim Anblick eines verwundeten
Kindes; das mag für uns unvorstellbar sein, aber
ist ja nachweislich so. Was Sontag beschreibt,
bestätigt sich bei einem Blick in die Kommentare

unter dem Bild von Alan Kurdi, dem geflüchteten und ertrunkenen Kind an der Mittelmeerküste. Und die Kommentarspalten der Bilder von toten Kindern aus Gaza lassen einen sicherlich auch schnell den Glauben an die Menschheit verlieren, wenn wieder die Rede von „Human Shield" oder „Araber lieben ihre Kinder nicht" ist.

Ich glaube auch, dass wir durch die wiederholte Darstellung von Körpern im immer gleichen leidenden Zustand desensibilisiert werden. Während der ersten Covid-Welle gab es direkte Vergleiche in der Art der Darstellung toter Körper. Auf der einen Seite sah man* die Todesopfer durch COVID in Europa, die respektvoll in Leichensäcken inszeniert wurden, um die Würde der Menschen zu wahren, und auf der anderen Seite erinnerten wir uns an die immer wieder aktuellen und in all unseren Köpfen abgespeicherten Fotos von sterbenden Menschen aus dem sogenannten Globalen Süden als dahinvegetierende Körper mit geöffneten Mündern, halbnackt oder am Boden und verwundet. Was verrät uns dieses visuelle Gedächtnis und seine ausbleibenden Konsequenzen über die Machthabenden dieser Welt?

S: Anfang des Jahres wurde die Gewalt in Gaza von vielen als die erste Live-Dokumentation eines Völkermordes beschrieben. Ich habe mit dieser Analyse Schwierigkeiten und teilte meinen Unmut darüber auf Instagram. Denn mit der Behauptung werden die vielen Dokumentationen anderer Völkermorde negiert, die vor der aktuellen Zerstörung Gazas geschahen.

Die Massenvernichtung von Eelam-Tamil*innen im
Vanni in den Jahren 2008 und 2009 erlebten wir im
Exil auch in Live-Übertragung: Lokale tamilische
Journalist*innen und der Widerstand vermittelten
bereits damals die Dokumentation der Gewalt
über damalige soziale Medien ins Ausland, wo wir
Exilant*innen sie dann weiter vervielfältigten – nicht
unähnlich den Palästinenser*innen heute –, in der
Hoffnung, damit der Gewalt gegen unser Volk Ein-
halt zu gebieten. Der Genozid im Vanni wurde also
von den Opfern sowie den Täter*innen dokumentiert,
so wie auch andere Völkermorde, die sich in den
2000er und 2010er Jahren ereigneten. Die Bilder
jener Gewalt bewegten jedoch nur wenige und
es kam kaum zu solidarischen Zusammenschlüssen,
etwa in Form von Protesten in den Kolonialmetro-
polen. Warum wird, anstatt Gaza zum ersten über

120

Social Media live geteilten Vökermord zu erklären, nicht das allgemeine Wegsehen *bis* Gaza zum Thema gemacht? Mit einer solchen Behauptung werden diejenigen in ihrem Schmerz zurückgelassen, die sich, ähnlich wie die Palästinenser*innen, lange der Macht und Notwendigkeit der Bilder bewusst waren. Wo waren all die Bezeugenden, als damals die Bilder und Videos der Vernichtung zirkulierten? Warum bewegten sie erst die Bilder aus Gaza?

Die beiden Beispiele bringen noch eine weitere schmerzhafte Erkenntnis, nämlich, dass eine hohe Anzahl zirkulierender Bilder nicht unbedingt zum Halt von Gewalt führt. Denn es geht nicht um das

Fehlen von Information; es geht um das Fehlen des
politischen Willens, diese Gruppen vor der
kollektiven Zerstörung zu schützen.

Als Palästinenser*innen im Laufe der Zerstörung
Gazas vermehrt begannen, das Leid ihrer Haus-
tiere zu dokumentieren, konnte man* sehen, dass sie
sich zwar der Wirkkraft der Bilder, aber auch des
Mangels an Empathie gegenüber ihrer Menschlichkeit bewusst waren. Indem sie die Not der Tiere
in Gaza, die ebenso unter den israelischen Bomben
leiden, zum Thema machten, versuchten sie zum
einen, ihre eigene Menschlichkeit in der Fürsorge
für ihre Tiere zu beweisen, und gleichzeitig das
Empathievermögen der Betrachtenden für Tiere zu
nutzen, um das Ausmaß der Gewalt, die alles Leben
dort trifft, zu vermitteln.

M: Ich weiß auch nicht. Wir sollten eigentlich
weit über die Debatte um Empathie hinaus sein.
Ich würde sehr gerne all diese abstrakten Fragen
überspringen und direkt zu politischen Lösungen
übergehen, aber gleichzeitig weiß ich, dass es
mehr Mobilisierung für diese Lösungen geben
muss – und das setzt gemeinsames Handeln,
Denken und Fühlen voraus. Vielleicht ist dieses
Fühlen miteinander die effektivste Grundlage für
einen Enthusiasmus der Veränderung.

Lass uns da nochmal tiefer rein. Mit wem
fühlen wir? Mitgefühl wird ja oft direkt gleichgesetzt mit Menschlichkeit. Aber was bedeutet
Menschsein bzw. Menschlichkeit, was macht
Menschen zu Menschen? Und würdest du nach
all dem historischen und politischen Miss-
brauch dieses Begriffs sagen, dass er sich für
dich disqualifiziert hat?

122

S: In meiner Kindheit wurde ich von vielen
Deutschen oder Türk*innen mit unterschiedlichen
Tieren verglichen und als solche bezeichnet.
Meistens Affen. Menschen unterscheiden ja im
europäischen Sinne zwischen minderwertigen, das
heißt *unzivilisierten Menschen*, jenen, die ihnen
körperlich ähnlich, aber kulturell anders sind, sowie
jenen, die vollkommen außerhalb ihrer Menschheits-
kategorie stehen. Letztere ähneln ihnen weder
kulturell noch körperlich. Meist sind das melaninreiche Menschen. Bei mir war es so, dass ich
irgendwann begann, mich selbst durch die Augen

der melanintoten Menschen zu sehen. Ich begann, in
meinen Handflächen, meiner Nase, meinen Lippen
den Affen, den sie sahen, zu erkennen. Früher hinter-
ließ das viel Schmerz in mir, doch heute empfinde
ich tatsächlich mehr Hohn darin, als Mensch und
nicht als Affe bezeichnet zu werden.

Der europäische Menschbegriff hat sich für mich
auf jeden Fall disqualifiziert. Aber es gibt ja mehr
als nur ein Verständnis des Selbst und der Welt. Im
sogenannten Pazifikraum gibt es Sprachen, in denen
der Begriff für Menschen der gleiche ist wie der für
Land. Das beruht auf dem Selbstverständnis, Teil des
Bodens zu sein. Kulturen unterscheiden sich häufig
im Bewusstsein für ihr Sein und ihre Beziehung zur
Umwelt. Das spiegelt sich auch in den Begriffen
für und über sich selbst wider, die auf einen anderen
als den europäischen Umgang mit den eigenen
Naturen hinweisen.

In diesem Zusammenhang ist auch die Geschichte
des hawaiianischen Begriffs „kanaka" interessant,

der im Ursprung alle Menschen dieser Welt unabhängig von ihrer Herkunft umschrieb, bis er von
europäischen Kolonialist*innen relativiert und zur
Bezeichnung der indigenen Bevölkerungen dieses
Ozeangebiets erklärt wurde. Ende des sogenannten
19. Jahrhunderts wurde der Begriff von deutschen
Kolonialist*innen aufgegriffen, die damit ver-
schleppte und versklavte Arbeiter*innen jenes
Ozeangebiets zu bezeichnen begannen. Und so kam
der Begriff zurück in die Kolonialmetropole, wo er
dann, Jahrzehnte später, unterschiedslos verwendet
wurde, um Vertragsarbeiter*innen aus dem Mittel-
meerraum zu beschimpfen. Gleichzeitig wurde der
Begriff bis dahin von den indigenen Bewohner*innen
von Kanaky, der französischen Pazifikkolonie
Neukaledonien, als Selbstbezeichnung angenommen.
Wir sollten dabei nicht vergessen, dass kollektive
Volksbezeichnungen in vielen Teilen der Welt nicht
üblich waren; sie wurden erst mit dem Kontakt
durch Außenstehende zu einer Notwendigkeit. Auf
ähnliche Weise wurden auch Nachnamen in vielen
Teilen der Welt erst als Teil einer kolonialstaatlichen
Bürokratie erforderlich. Wenn sich Westasiat*innen
oder Nordafrikaner*innen in Deutschland heute
diesen Begriff aneignen, dann überschreiben sie
die Existenz eines lebenden indigenen Volkes,
das noch immer für die Befreiung von Frankreich
kämpft. Wie wollen wir antirassistische und
antikoloniale Kämpfe verbinden, wenn Menschen
hier noch nicht einmal eine rassistische deutsche
Fremdbezeichnung aus Solidarität zum kanakischen
Volk aufgeben wollen?

M: Die Frage nach dem Menschen wirkt auf
den ersten Blick so eindeutig, die historische

Auseinandersetzung zeigt aber schnell, wie unsicher und inkonsequent der europäische Mensch- und Rechtsbegriff ist – und wie willkürlich er in seinem Ausschluss und seiner Gewalt agiert. Historisch wurden etwa indigene Völker, Jüd*innen, Schwarze, Frauen, *Ausländer*innen* oder Versklavte aus der europäischen Definition des Menschen ausgegrenzt und damit ihr Status als Staatsbürger*in und juristische Person aberkannt.

Ich habe neulich in dem Buch *Ways of Being: Beyond Human Intelligence* (2022) von James Bridle im Kapitel zu Solidarität gelesen, wie in voraufklärerischen Gesellschaften Tiere als Teil politischer Gemeinschaften betrachtet wurden und damit auch der rechtsstaatlichen Ordnung unterworfen waren. Bridle erzählt dann von Schweinen, die wegen Kindsmord angeklagt werden und zu ihrer Hinrichtung menschliche Kleidung tragen mussten. Diese Variabilität, wer zählt und wer nicht, zeigt, wie elastisch die Definitionsgrenzen tatsächlich sind. Warum beschränken wir uns in unserer Solidarität auf Menschen, was ist mit den Nichtmenschen? Wer und was gilt heute als juristische Person und wird vor Gericht als solche mit unveräußerlichen Rechten auf Schutz und Selbstbestimmung betrachtet? Und wann fallen diese Rechte dem Schutz von Unternehmen oder Staaten zum Opfer? Wenn wir es schaffen könnten, unsere Werte und Solidaritäten unabhängig von Intelligenz, Fähigkeit oder Menschbegriffen zu praktizieren, welche Formen der Koexistenz wären dann möglich?

S: Der europäische Begriff des Menschen ist ein zentraler Teil der kolonialen Moderne. Dazu gehört auch die Vorstellung einer Trennung des sogenannten Menschen von der Natur, über der er steht und die er zunehmend extrahiert. Doch während der europäische Menschheitsbegriff bis heute die Deutungshoheit darüber beansprucht, wer wann wo und in welchem Maße Mensch ist, hat dieses rassistische Selbst- und Fremdverständnis nicht unbedingt dazu geführt, dass sich Nicht-Europäer*innen dieser gewaltvollen Interpretation des Menschseins verweigerten. Auch wir haben uns mehrheitlich dieser Ideologie unterworfen, im verzweifelten Versuch, von Europäer*innen als „modern" und damit „lebensberechtigt" betrachtet zu werden.

Letztes Jahr wurde das 75-jährige Jubiläum der
Allgemeinen Erklärung der Menschenrechte der
Vereinten Nationen opulent gefeiert. Die Charta,
die 1948 verkündet und von allen heute 193 UN-
Mitgliedsstaaten unterzeichnet wurde, wird noch
immer als großes Verdienst der imperialen Nach-
kriegsordnung gesehen. Doch was bedeutet es, sich
einer Rechtsnorm zu verschreiben, die sich exklusiv
auf eine Spezies bezieht und innerhalb dieser auch
noch sehr selektiv angewandt wird? Während
europäische Institutionen letztes Jahr also damit
beschäftigt waren, den sogenannten Erfolg dieser
Menschenrechtscharta zu feiern, bezeichneten
israelische Regierungsmitglieder Palästinenser*innen
ungeniert und vor den Augen der Welt als sogenannte „human animals". Palästinenser*innen
wurden rhetorisch aus der Kategorie der sogenannten
Menschen ausgeschlossen und stattdessen in die
Kategorie der Tiere verfrachtet, die den Schutz der
vielbeschworenen Menschenrechte nicht genießen.
Das sollte die Gewalt rechtfertigen, die die Israelis
bereit waren gegen Palästinenser*innen anzuwenden.

Das ist ein lehrreiches Beispiel für die vielen
rassistischen Bedingungen, die der europäischen
Kategorie des Menschen inhärent sind: Nicht-
Europäer*innen erhalten innerhalb dieser Kategorie
allenfalls eine Aufenthaltserlaubnis, die ihnen
aber, wie im Fall der Palästinenser*innen, jederzeit
entzogen werden kann. Darin offenbart sich auch
die verachtende und gewaltsame Beziehung vom
modernen und spätkapitalistischen sogenannten
Menschen zu den sogenannten Tieren, die nicht
dem Rechtsschutz unterliegen, der von 193 Staaten
unterzeichnet wurde.

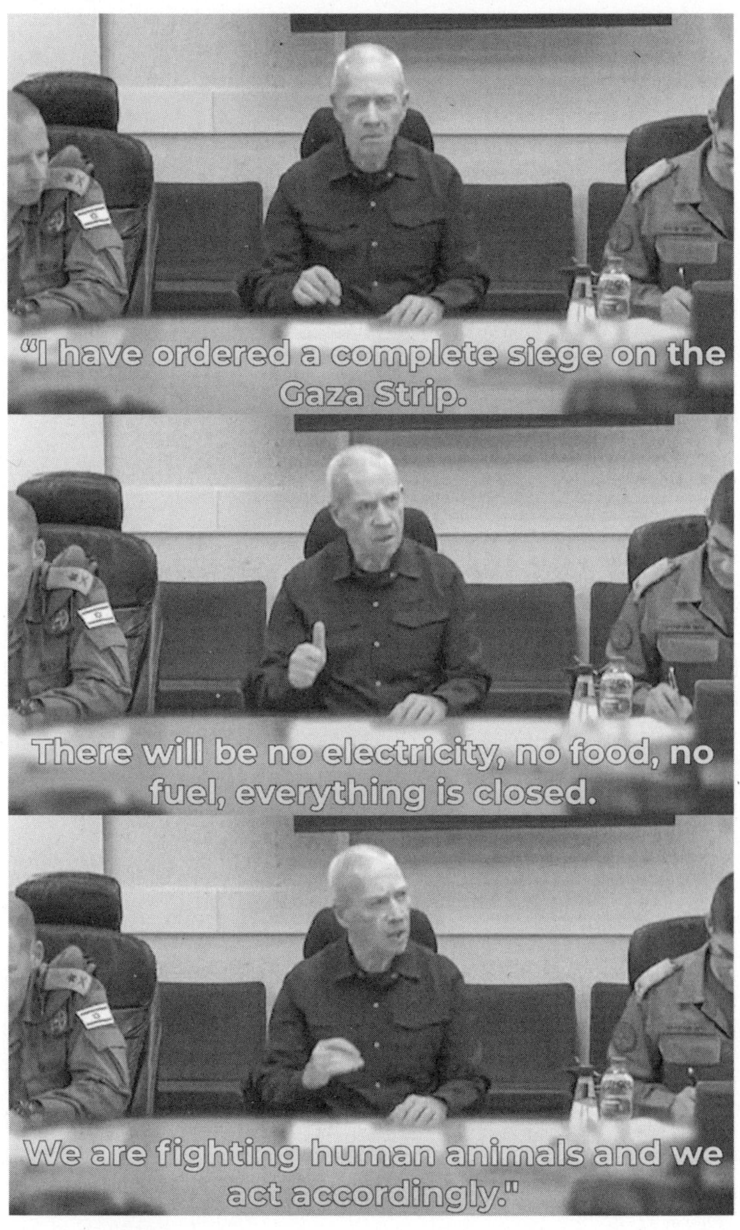

"I have ordered a complete siege on the Gaza Strip.
There will be no electricity, no food, no fuel, everything is closed.
We are fighting human animals and we act accordingly."

M: Entmenschlichende Rhetorik ist der erste
Ausdruck einer genozidalen Absicht; es ist
ein so fundamentaler Ausschluss aus unseren
Vorstellungen von Empathie und Wert, dass im
nächsten Schritt jede Art des Umgangs mit
den Entmenschlichten gerechtfertigt ist. Wir
kennen das aus vielen anderen Kontexten, diese
grässlichen Vergleiche von ganzen Völkern
und Ethnien mit Ungeziefer oder Krankheiten.
Auch in der Eugenik und der Rassentheorie
spielt die Abgrenzung zum Tier eine Rolle. Je
vermeintlich ähnlicher man* einem Tier ist, desto
weniger Anspruch hat man* auf Schutz, Teilhabe
oder Selbstbestimmung.

Doch es müssen gar nicht unbedingt Tierver-
gleiche herangezogen werden; es reichen
bereits Begriffe wie „Rebellen", „Aufständische",
„Terroristen" oder „Kollateralschäden". Diese
kühle und trockene Verklärung eines General-
verdachts, der ganze Bevölkerungsgruppen zum
Abschuss freigibt, verunmöglicht, ja, krimina-
lisiert geradezu sprachlich – und damit auch
gedanklich – jegliches Mitgefühl, von Solidarität
ist gar nicht die Rede. Der War on Terror brachte
Argumentationslogiken hervor, nach denen
man* Terrorismus-Sympathisant*in ist, wenn man*
Drohnenangriffe ablehnt, die ohne ein faires
Gerichtsverfahren Massen an Menschen zu Tode
verurteilen. Das ist zurzeit erneut das Niveau
unserer Diskurse in Deutschland. Und sie agieren
alle auf einer systematischen Entmenschlichung
und damit Entsolidarisierung von ganzen
Regionen.

S: Begriffe wie „human animals" bzw. „non-human animals" wurden schon weit vor der israelischen Kriegspropaganda und mit ganz anderen Absichten von zum Beispiel Tierrechtler*innen verwendet, die damit die gedankliche Trennung der Menschen von den Tieren zu überwinden versuchten. Es war ihr Versuch, die Menschen zurück in ihre natürliche Ordnung zu bringen und die Folgen des Kapitalozäns, in dem Tiere zur ausbeutbaren Massenware wurden, sprachlich zu bewältigen. Aber auch in diesem sinnvollen Ansatz haderte man* mit der Dezentralisierung des sogenannten Menschen. Die israelische Regierung nutzt den Begriff des menschlichen Tieres dagegen aus einer ganz anderen Motivation heraus, hier wird das sogenannte Menschsein relativiert, um die eigene Staatsgewalt zu legitimieren.

Rwandan Who Called Tutsis 'Cockroaches' in 1992 Gets Life Sentence

A man accused of encouraging the genocide in Rwanda has been sentenced to life in prison.

By Siobhán O'Grady, a staff writer at *Foreign Policy* from 2015-2016 and was previously an editorial fellow.

M: Das Beispiel mit den Tierrechtler*innen ist interessant, da es zeigt, dass wir es scheinbar nicht schaffen, diesen Mensch-Zentrismus zu überwinden. Na ja, die, die darüber nachdenken, sind ja auch alle sogenannte Menschen; die Frage ist, ob wir überhaupt in der Lage sind, uns jenseits dieser Kategorie des Menschen denken zu können.

Mich haben ehrlicherweise einige der Tierrechts-
kampagnen immer etwas verstört, wenn sie
zum Beispiel bei der Massentierhaltung in der
Fleischindustrie von Konzentrationslagern
oder Versklavung sprechen. Andererseits wird
in James Bridles Buch beschrieben, wie sich einige
Tiere solidarisch organisieren und zum Beispiel
versuchen, aus einem Zoo auszubrechen, also
einen vergleichbaren Sinn für Freiheit und Gemeinschaft haben. Ich verstehe, dass die Tier-
rechtskampagnen Solidarität mit den Tieren
provozieren wollen, indem sie Referenzen aus der
Geschichte des Menschen verwenden, aber für
mich klang es immer auch nach einer Relativierung
der menschlichen Erfahrung, einer irgendwie
deplatzierten Gleichsetzung von, sagen wir, einem
Kalb und einem Kind. Ich verstehe, dass es eine
mentale Hürde ist, aber – ich bin ehrlich – ich sehe
die Gleichsetzung nicht. Ich brauche sie aber
auch nicht, um mich politisch gegen Massentierhaltung auszusprechen.

S: Oder zu behaupten, dass es schlimmer sei, einen
Hund zu essen als ein Huhn. Mit dieser Art un-
sinniger Vergleiche werden oft ganze Kulturen
rassistisch abgewertet, ohne verstehen zu wollen,
dass Essgewohnheiten sich aus sozialen, kulturellen,
historischen, ökonomischen, geografischen und
klimatischen Bedingungen herausbilden. Das
sah man* ja zuletzt auch während der Covid-19-
Pandemie, als der Nahrungskonsum der Menschen
in Wuhan plötzlich global zur Debatte stand.
Ein anderes Kriterium der Konsumethik, das häufig
verwendet wird, ist das Bewerten der Intelligenz
von bestimmten Tieren. Manche Menschen weigern

sich zum Beispiel, einen Oktopus oder Delphin zu essen, weil das Tier als vermeintlich intelligent eingestuft wird. Die Intelligenz als Kriterium dafür, ob ein Leben als erhaltenswert oder nicht gilt, ist jedoch wieder ein zutiefst menschzentrierter Ansatz.

M: Bewertungssysteme, die den eigenen Körper und die eigene Kultur zum Maßstab erklären, dominieren ja nicht nur unser Verhältnis zu den Tieren, sondern sind auch die Grundlage für die Beantwortung der Frage, wer unter unseren Mitmenschen als lebensfähig, lebenswert und demnach schützenswert gilt. Wenn wir es schaffen, ein Verhältnis zu unserem eigenen Leben und dem Leben um uns herum zu finden, das nicht dieser Rassenideologie und Verwertungslogik unterliegt, dann wäre schon eine gerechtere Welt möglich, denke ich.

S: In all den militärischen Konflikten zwischen Menschen sind es immer die von Gewalt betroffenen Gruppen, die sich gezwungen fühlen, einen Appell an die Menschen dieser Welt zu richten. Sie müssen andere daran erinnern, dass auch sie Menschen sind; dass auch ihr Blut rot ist und sie, wie andere Menschen auch, einen ähnlichen körperlichen und seelischen Schmerz empfinden, wenn ihnen Unrecht angetan wird. Sogenannte Menschenrechts-organisationen agieren in einer ähnlichen Logik: Sie versuchen, unterdrückte Gruppen in ihrem Humanismus zu erklären, um weitere Rechtsver-letzungen gegen sie zu verhindern und dafür internationale Unterstützung zu gewinnen. Dass wir an die Menschlichkeit jener von Gewalt betrof-

fenen Gruppen erinnert werden müssen, zeigt,
wie grobmaschig die Parameter unserer Empathie
gestrickt sind, wie viele Leben aus ihnen heraus-
fallen und fallen gelassen werden. Die Logik dahinter
ist, dass gegenseitige Anerkennung nur über Ähnlichkeit und Nähe funktioniert. Nur wenn wir uns in
andere hineinversetzen können, sie vollständig nach-
vollziehen können, gestehen wir ihnen dieselben
Rechte zu wie uns selbst. Kennst du diesen Spruch:
Deutsche lieben Hunde mehr als *Ausländer*?

M: Ja, haha. Kommt einem manchmal
wirklich so vor.

S: Mir auch! Der Spruch ist eine zynische Kritik am
Rassismus der Deutschen. Aber er setzt auch voraus, dass wir dem Leben innerhalb unserer eigenen
Spezies kategorisch die meiste Empathie entgegenbringen müssen. Ich sehe das nicht so. Ich glaube,
es gibt Wege, den Rassismus der Deutschen zu
thematisieren, ohne dabei andere Lebensformen zu
erniedrigen. Menschen sollten nicht rassistisch
sein und anderen Gewalt antun, ja, aber sie müssen
deshalb den anderen Menschen nicht automatisch
mehr Liebe als den nicht-menschlichen Lebewesen
entgegenbringen.

M: Hmm. Das wirft eine ethische Frage auf,
die ich zwar theoretisch interessant finde, mir

aber als politische Forderung – mehr Liebe für diese oder jene Wesen zu verlangen – etwas abwegig vorkommt. Viel interessanter finde ich, über die immer wiederkehrende Spannung zwischen Nähe und Distanz, zwischen Sicherheit und Hierarchie nachzudenken. Es macht den Anschein, dass wir uns kategorisch abgrenzen müssen, um systematisch ohne schlechtes Gewissen ausbeuten zu können; scheinbar ist gegenseitiger Schutz nur möglich, wenn wir näher zusammenrücken und diese Nähe auch symbolisch aufladen. Daran, dass wir uns in Gruppen organisieren, um uns umeinander zu kümmern, ist eigentlich auch erst mal nichts auszusetzen. Viele progressive Ansätze in der Evolutionswissenschaft betonen zudem, dass Netzwerke und Zusammenarbeit das Überleben sichern, und nicht dieser moderne Mythos vom *Survival of the Fittest.* Aber sie deuten auch darauf hin, dass das eigene Überleben nicht zwingend im Konflikt mit dem Schutz anderer stehen muss. Der ständige Konkurrenzkampf um knappe Ressourcen ist letztlich ein spezifischer Auswuchs unseres kapitalistischen Systems, in dem die Verknappung von Schutz und Lebensqualität aufrechterhalten wird und nur wenige davon profitieren.

Die Frage wäre also, wie wir dieser realen Hierarchisierung und Konkurrenz mit Hilfe solidarischer Netzwerke entkommen können? Dass wir überhaupt vor dieser unvorstellbaren Herausforderung stehen, für irgendwelche Menschen Tausende Kilometer entfernt Empathie zu empfinden, obwohl uns scheinbar nichts mit ihnen verbindet bis auf die Gewalt, der sie ausgesetzt sind, ist doch selbst ein Symptom unseres globalisierten und auf Ausbeutung beruhenden

Weltsystems. Das übersteigt unser emotionales
und intellektuelles Vorstellungsvermögen, und es
ist keine Frage der Empathie mehr, sondern ein
systemischer Zwang und Zusammenhang, der
durch und durch verdorben, korrupt und parasitär
ist. Ich kann keine echte Empathie für die sogenannten Verdammten dieser Welt haben, solange
ich selbst an ihrer Verdammung beteiligt bin.
Dieses Dilemma ist kein emotionales Versagen.
Gefühle zu moralisieren ist nicht zielführend,
vielmehr sollten wir an realistischen Antworten
auf die Verhältnisse arbeiten, damit andere
Beziehungen überhaupt entstehen können.
In der Geschichte gibt es genug Beispiele trans-
nationaler Bemühungen, die auf der Grundlage solidarischer Bündnisse nach kollektiven
Antworten gesucht haben. Ich denke etwa an die
Bewegung der blockfreien Staaten, die sich der
Polarisierung des sogenannten Kalten Krieges
entzog und sich im Anblick eines drohenden
dritten Weltkrieges für militärische Abrüstung
einsetzte. In diesem Kontext fand 1957 in Kairo
die Afro-Asian People's Solidarity Conference
statt, aus der eine gemeinsame Organisation
hervorging mit dem Ziel „der echten Unabhängigkeit und Verteidigung der Souveränität gegen
rassistische Politiken" und für das „Recht, den
eigenen Weg der sozioökonomischen Entwicklung
zu wählen". In Havanna fand 1968 der Kultur-
kongress statt, mit mehr als 400 Intellektuellen
aus über 70 Ländern, unter ihnen der Schrift-
steller Aimé Césaire und Vertreter*innen des
Caribbean Artists Movement, um (Neo-)Kolonial-
ismus in der kulturellen Entwicklung der Völker
– und die Verantwortung der Intellektuellen dabei –
zu diskutieren. Unabhängig von ihren Erfolgen

136

oder Misserfolgen haben jene Zusammenschlüsse neue Beziehungen der Zusammenarbeit geschaffen und den Weg für neue Verhältnisse geebnet.

S: Ich glaube wirklich daran, dass dieser Zwang zu Nähe und Ähnlichkeit als Grundlage für jegliche Form von Mitgefühl verkürzt und irreführend ist. Solidarische Beziehungen sollten unabhängig davon existieren. Warum verfallen wir in unseren Versuchen, Empathie zum Ausdruck zu bringen, immer wieder in das Schema familiärer Beziehungen? Ich denke zum Beispiel an Männer, die zu empathischen Verfechtern der Rechte von Mädchen und Frauen werden, sobald sie Väter von Töchtern werden; wenn Männer patriarchale Gewalt erst verstehen, sobald sie daran erinnert werden, dass auch innerhalb ihrer eigenen Familie Frauen davon betroffen sein können. Oder wenn erwachsene Menschen Verständnis für das Leid von Kindern in Konfliktsituationen ausdrücken, indem sie betonen, selbst Eltern zu sein. Wir müssen an einen Punkt gelangen, an dem wir Fühlen nicht immer wieder als Bedingung für unsere politische Haltung heranziehen. Denn wir können die Gefühle der anderen nicht erzwingen, aber wir können von ihnen verlangen, dass sie sich an gemeinsame Werte halten.

Solche Beziehungen des Vertrauens und der Fürsorge existieren bereits auf dieser Welt. Eine Genoss*in ist zum Beispiel eine Gefährt*in oder Mitstreiter*in – und gegenüber einer Mitstreiter*in können wir Verantwortung empfinden, ohne sie mit einem familiären Verhältnis, etwa dem zu unseren Eltern, zu vergleichen. Das erschwert sich natürlich mit physischer Distanz und wird nicht einfacher durch die komplexen Zusammenhänge unserer

Wirtschaftsbeziehungen und politischen Machtverhältnisse. Aber ich denke, das sollte keine Ausrede
dafür sein, sich dieser Aufgabe nicht zu stellen.
In der heutigen kolonial-kapitalistischen Welt,
wo selbst unser morgendliches Frühstück mit der
Ausbeutung von Ländereien und Leben anderswo
verbunden ist, müssen wir eine gemeinsame Antwort
auf jene gewaltsamen Verkettungen finden, die wir
uns nicht ausgesucht haben.

M: ... selbst wenn uns die Anderen so entfernt
erscheinen, sind wir mit ihnen verkettet,
wenn nicht durch die Gleichheit unserer Körper
und Gefühle, dann doch durch die Gewalt
unserer Welt. Solidarität bedeutet, gemeinsam
füreinander Verantwortung zu übernehmen.

Preface

Hierarchies of Solidary follows *English in Berlin* (September 2022) as our second co-authored book with the independent Berlin publisher Wirklichkeit Books. Both publications are based on transcripts of discussions that were conducted digitally on Instagram Live at the beginning of 2021, and which were ultimately published as books in an expanded and revised form. While editing the original conversations, we tried to maintain the quality of a spontaneous and direct exchange between friends, while also opting to adapt the structure and content for the benefit of topicality and the reading experience. Hence, this discussion is no longer wholly congruent with the content of the original recording from around four years ago.

Solidarity and its consideration are not static for us, but rather based upon a lively process. We want to communicate the questioning and reworking of our own thoughts in a transparent way, as this is a process necessary to counteract any intellectual standstill. This demands constant self-critique and contextual reflection—since timing and location shape our actions, how we listen and understand, in pivotal ways. Here, we hope that this process can also be continued once the text has been printed and published, through the reception of its readers and critics. It's in our interest to see the authority of this text put into question and for its contradictions to inspire critical debate towards a fairer world based on the principle of solidarity. With this publication, we open ourselves up to criticism and expose our own contradictions within the examination we undertake as speakers. *Hierarchies of Solidarity* should be understood as a shared reflection, in solidarity, on the ways that we perceive the debates taking place in real time around us, how we understand them and situate ourselves within them. In doing so, we observe various social tendencies, such as those toward exclusion, disregard, disorientation, powerlessness and the hierarchisation of solidarity.

Our series of discussions is not only an attempt at decentralised and horizontal exchange but also an experiment in collective writing. *Hierarchies of Solidarity* was edited in a parallel text document, while we were connected with each other via video call from Berlin and Hamburg, in order that we could discuss, reflect and write together in real time. These means of communication allowed us to practise solidarity in writing itself, to sharpen our thoughts reciprocally, to question them or bring them to a conclusion.

We understand *Hierarchies of Solidarity* as part of the left's negotiation of solidarities in the context of digital discourses and strategies of mobilisation. Our discussion is a concentrated and personal observation of our own reality as well as a sociocultural examination of diasporic networks in various colonial metropoles. At the centre of this book is a media critique, which is primarily concerned with the representation and expression of solidarity in imperial languages. For us, online and offline are not binary entities, as they are often represented – rather, they determine each other reciprocally and stand in relation to one another. Hence, a call to boycott in the digital realm is no less relevant today than the organising of strikes on the street. On the contrary, the internet is a very important intersection, especially for oppressed, colonised and stateless populations, whose ground has been and continues to be pulled from beneath them in the analogue world. Accordingly, we understand digital space as part of a practice of resistant solidarity and an enlargement of the analogue landscape. Live formats, chat forums and online databases are thus alternative

144

publics that we build and animate together, of which we can be co-architects.

The original reason for the live discussion were the Israeli bombardments of Gaza in 2021, the subsequent demonstrations and statements of solidarity in Germany, as well as the reception of these political events within German-language social media. We're interested above all in the political conflicts between different diasporic groups as they clashed within the spatial parameters of the anti-war demonstrations. As when, for example, people of the Turkish right tore the flags from the hands of the Kurdish and Armenian participants of these Palestinian demonstrations, or when Sahrawi activists were made to feel unsafe by the presence of Moroccan national flags. This opened up a dilemma for the protest's Palestinian organisers: suddenly they were no longer only in a position to attend to their own concerns but were also responsible for finding a way of handling the many other colonial conflicts that coincided at demonstrations in Berlin and other cities. Here, the common refrain of "Progressive except Palestine" was shown in a cynical inversion: "Progressive only for Palestine": for those Turkish or Moroccan nationalists who reject the right to self-determination of Kurdish or Sahrawi people in their home countries, the commitment to the rights of others seems to apply solely in the case of Palestine. On the other hand, many Germans pointedly exclude Palestinians from their supposedly progressive politics and refuse them their basic rights – a circumstance intensified by the fact that precisely those demonstrations organised by the Palestinian diaspora regularly become scenes of extraordinary repressions by the German state. Their censorship policy and the concomitant police violence has already been criticised by international human rights organisations, judged to be a dangerous symptom of right-wing and authoritarian tendencies in the Federal

Republic of Germany, as they disregard the constitu-
tional, fundamental rights of freedom of opinion and
the right to demonstrate.

Within these power dynamics, we can observe the way
that so-called minorities and their experiences are continually and wilfully pitted against each other, which
forces them into a hierarchical and antagonistic relation
to one another. They are pushed to compete with each
other for resources such as the attention, recognition
and support of those in power. This creates a deceptive
impression of supposed visibility within the imperial
media and a belief that with their attention could come
a political or humanitarian rescue. In this book, we want
to describe these hierarchies, rather than deferring the
process of coming to terms with them to an imaginary
time *afterward*. There is no right time to face up to the
contradictions in solidarity politics, but conversely:
strategically going unspoken, they take on a corrosive
effect that impacts upon the multiply marginalised and
obfuscated or invisibilised groups among us most starkly.
To openly articulate and reflect upon these dynamics
is paramount for the building of political trust and action
based on solidarity.

Hierarchies of Solidarity

"Borders (What's up with that?)
Politics (What's up with that?)
Police shots (What's up with that?)
Identities (What's up with that?)
Your privilege (What's up with that?)
Broke people (What's up with that?)
Boat people (What's up with that?)
The realness (What's up with that?)
The new world (What's up with that?)"

M.I.A., *Borders*, 2015

Sinthujan: A whole lot, apparently! We've both been concerned with the question of solidarity for a while now. What interests us is the way the concept as well as the practice of solidarity is treated in our public spheres – in the so-called Global North, i.e., the colonial metropoles, and in Germany in particular.

M: Yes, it's important for me to emphasise: we're talking about *our* public spheres. For us it's about the visible and invisible dynamics within and amongst public media outlets, social networks and in physical spaces. I'm interested, for example, in how and when people coming from the cultural industries or from activism choose an expression of solidarity and when they are not. As well as the way the German state and its public institutions position themselves towards certain forms of solidarity.

S: Our observations are, of course, largely subjective and selective. Still, I think that they could serve as indicators for larger social patterns of behaviour and in that, help us to gain a better understanding of how, when, where solidarity might be practised or rejected, by whom and for what reasons.

151

M: But I don't only want to observe the world around me; I also want to reflect on my own behaviour, what *my* actions of solidarity consist of, and perhaps also explore what keeps me from expressing solidarity in some other situations? Sometimes we satisfy the expectations of others and sometimes we don't. What do you think of the phrase "Solidarity is not a one-way street"?

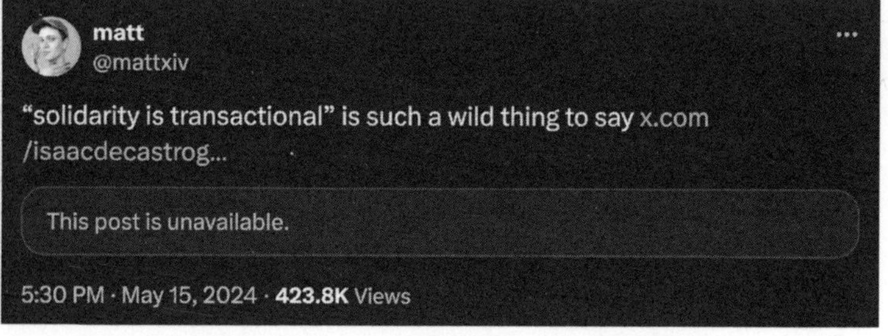

S: Hm, let me think. This reminds me of the oft-cited quotation, supposedly from Che Guevara, in which solidarity is described differently, as the "tenderness of the people". I also think that solidarity among people can be a form of endearment, as in, an expression of care and an endeavour towards mutual well-being. And this endeavour should importantly be based on reciprocity.

M: Endeavour. That's such a beautiful word for what I understand solidarity to be. Not a condition, nor an institution, but a practice: an attempt, striving, though also a willingness for reciprocity.

S: Yes! A one-sided endeavour is something other than solidarity. That doesn't mean that solidarity is a neat transaction, a business relation, as is sometimes disparagingly claimed. Especially when we look at political dealings between larger groupings, such as states: although the transactional relation is an important aspect; the demand for reciprocity cannot be reduced to a social and business relation. I regard this reciprocity instead as a form of equal recognition and equitable cooperation. Solidarity doesn't have to be selfless; it's also not charity. Solidarity can have motivations based on realpolitik, on shared interests and values as well.

M: Solidarity isn't a good deed or selfless help for the oppressed. Historically, it was primarily something shared among the oppressed themselves. To come back to your point: equality and reciprocity in the struggle for common well-being are the fundaments of solidarity. I really don't like how solidarity is sometimes demanded, morally charged, like a way of monitoring others, as though it were about a handout or an unpaid debt. To me, solidarity is something else, namely an endeavour that takes place voluntarily, by one's own volition and at eye level. We mustn't confuse this political practice with piety or virtuousness, which can be disciplined by way of moral panic and shaming.

S: The actual meaning and potential of solidarity cannot unfold when it is, as you already said, imposed or driven by others. It must develop autonomously, out of a necessity in society and a political struggle. As per the definition, solidarity indicates an attitude and a relation to one another, with one another, and for one another, which requires constant care and renegotiations – and that means labour. Solidarity, for me, permits no standstill and no comfort. It is embedded in the so-called present and in that it ought to help us imagine a different tomorrow, enabling us to strive towards a common future.

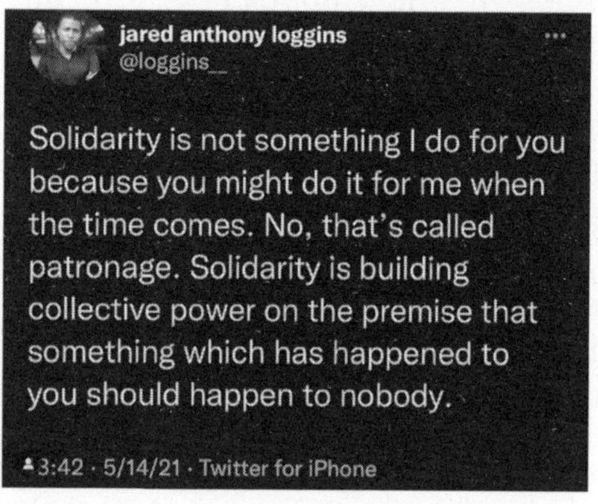

M: Oh, look at this ... I was just searching for the etymology of solidarity and came upon the following: solidarity supposedly comes from the Latin adjective "solidus", meaning "solid, real, firm". According to the website of the German Trade Union Confederation, the notion of solidarity derives from so-called antiquity and in this context, as *Obligatio in solidum*, it describes a relation of indebtedness. It only

gained its present meaning through the workers'
movements of the 19th century. Isn't it interesting,
the way the history of this concept already incor-
porates the tension between the two meanings of
the word solidarity: a binding obligation between
community and the individual on the one hand,
and the common movement for a common cause
on the other?

S: Hm, solidarity is used or interpreted today by various groups for different purposes. States go about
this differently to anti-colonial liberation movements, just as corporate management does to trade
unions. I actually didn't know the etymological
origins of the European term until now. But what
interests me more is what we already know about
solidarity from the practice itself, beyond any Latin
origins or European references. In Tamil, for example, we use the term ஒற்றுமை (orrumai), which
can be translated as unity, cohesion or commonality,
and which is engendered within Tamil-speaking
communities according to specific rules that don't
bear any particular relation to European histories
or understanding.

M: Solidarity beyond the Latin – haha, that's good.
In Farsi it would be همبستگی (hambastagi), which
can be translated similarly: unity or cohesion.
There was once even an anti-imperial, feminist
political party that was named this way. So, yeah,
ultimately the meaning arises through action,
and in that way it can also change. And this is tied
to the fact that, in our circles, we have already
reduced our understanding of solidarity quite

drastically. We observe primarily symbolic forms of expression in social media, as in posting, liking and sharing content and statements. Solidarity thus becomes a one-time, isolated smoke signal that very quickly disperses. What did solidarity look like for you, before social media?

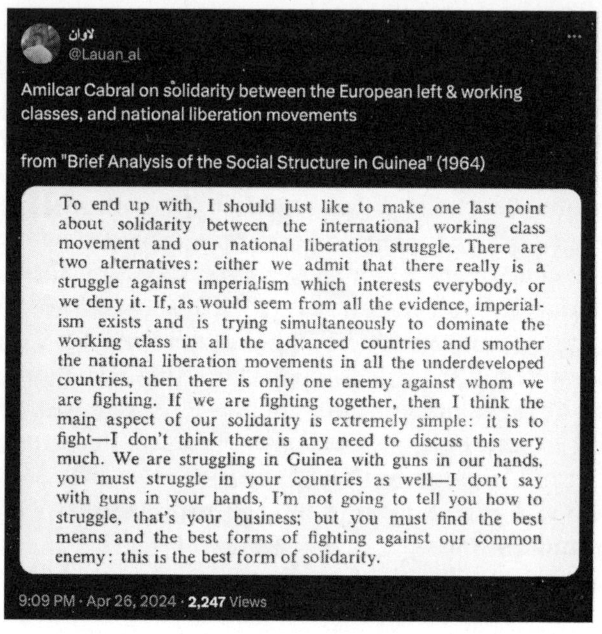

S: Maybe we should first clarify that when we talk about social media today, we are referring to specific platforms and chat forums that were launched from the mid-2000 onwards: from Reddit to Facebook, YouTube, Twitter up to Instagram, Snapchat, Telegram and Tiktok. I really don't know whether expressions of solidarity prior to these platforms differed so significantly, in terms of content, from those made today. What was different was much rather the form, which was determined and limited by the communication channels available at the time. The channels by which we were able to inform ourselves, observe and exchange were much more centralised and formal than those that exist today. How was it in your case?

M: Let me think, I am a bit younger than you after all. My political practice started parallel to the emergence of these social media platforms. Accordingly, my solidarity was expressed by getting informed proactively and learning things through the Internet that I could only come into contact with through its decentralised structure, beyond school timetables and state broadcasting. It was those independent information channels, and just as much the direct, parasocial relation-ships to activists on Instagram, Facebook and Twitter, that I quite literally followed, in order to learn about their struggles. Because I understand English, I was able to listen to every person, no matter where, who sought to speak to the world in English. That's precisely how I came across you, as well as many of my friends and later colleagues — through their voices, commentaries and events, which I encountered online. Your political com-mentaries, for example, both fascinated and challenged me, and that's why I wanted to meet you. Then we bonded over our childhood experi-ences in the German asylum system, and out of this developed a friendship based on solidarity.

S: I remember our first meeting, in the Spring of
2016. You had reached out to me on Facebook.
I immediately saw in our encounter an opportunity
to organise ourselves politically. This was the time
when large numbers of refugees were arriving in
Germany, and I felt it was imperative that more
people had to collectivise who had lived through the
German asylum system, in order to address its violence and hostility to life in a way that could mobilise the public. You probably remember how, during
this "Merkel Summer", an image of Germany's
Willkommenskultur spread globally during a situation portrayed as a political state of exception.
I felt that something needed to be done to counter
this narrative.

> M: As though we refugee children from the
> 1990s and before didn't exist. Oh Germany,
> your amnesia – haha.

S: Haha, exactly! But let me return to the actual
question of what solidarity looked like before social
media. My own politicisation happened just before
the emergence of the latter, which also meant that
the information infrastructure was more rudimen-
tary at the time, especially in terms of leftist and
non-European perspectives. I developed a political
consciousness relatively early on, even though for
a long time we lived quite isolated in a village where
there was only one small Catholic library, which
couldn't satisfy my intellectual curiosity. So it
was there that I learned early on to access other
means of communication, such as via foreign news
broadcasters that we received over satellite, or

Web 1.0 sites and chat forums. Chat platforms were also the places where I sought out politically like-minded people whose values and aims I shared.

Which means that even back then, solidarity primarily meant for me seeking out an encounter with others, being interested in their realities and, on this basis, supporting them politically. I certainly think that much more work went into having this kind of encounter take place in those days. In today's digital reality, interactions are easier to come by, but with the risk of things becoming more superficial, less organised. But independent of media infrastructure, politicisation means for me, now as then, an engagement with the experiences of those who are negatively impacted by different histories: seeing and acknowledging the suffering and struggles of others, as well as supporting their will for self-determination and change.

M: In the context of social media, when solidarity is expressed only in symbolic or aesthetic form, the accusation of self-dramatization is sometimes raised. I get the point, though I also find it unfair at times. Of course, this form of participation in solidarity is, as you say, more fleeting, possibly less informed, though often also well-intentioned and, in spite of its superficiality, consequential. I don't think that populist or symbolic solidarity stands in contradiction to the organised forms. One can lead to the other, and each can benefit from the other.

S: I don't think these different forms of expression stand in contradiction or competition with each

159

other either. As you say, they rather inform and activate one another. At the same time, there are plenty of negative examples, like the famous-infamous black squares that were shared millions of times via Instagram on 2nd June 2020 – on so-called Blackout Tuesday. This case can clearly help us point to the limits of digital activism. At the time, this gesture of posting black squares on Instagram was declared to be a digital expression of consternation about the brutal murder of the Black Americans George Floyd, Ahmaud Arbery and Breonna Taylor by police officers and civilians of European heritage, and of solidarity with Black and African people. But the excessive uploading and sharing of these black squares – among the users were many non-Black celebrities and lifestyle influencers – led to practical blockages in the #BLM (Black Lives Matter) timeline and hashtag, the primary information channel for the organisation of the protests. Despite that, to the outside, this gesture might well be seen as a satisfactory show of solidarity with the Black Lives Matter movement. But then the next post might already display a matcha latte, as though they'd done their part with a single post. Cynically, among those participating in this specific action were also large corporate companies. These corporations saw it as an opportunity to market their brands and began virtue signalling solidarity. All the while they were of course also known for shamelessly discriminating against Black workers and applicants.

> M: Yeah, I'm totally with you on this. The social
> media dimension of the Black Lives Matter
> protests is a good example for the potential and

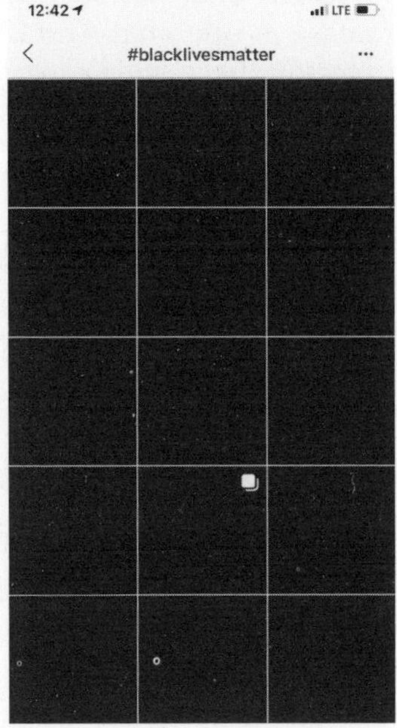

the dangers of popular campaigns to enlighten, agitate and mobilise the masses. There have also been accusations of embezzlement of monetary donations, for example in the context of the fraud Shaun King. This is neither the first nor the last time that political enthusiasm and the justified fury of a struggle have been misused. I think that's part of it. Alongside every nonsense-post from whatever pompous careerist, there will also be those who emerge from such an experience more aware, more radical and better organised. And even if every broad attempt to alter relations fails structurally several times over, it will still always leave behind new cultural and social contexts. Even if structural racism and militarised state

161

violence persist, Black Lives Matter was for many people really eye-opening. And who knows in which direction these open eyes will care to look in the future?

S: This takes me back to my childhood. Back then I watched a lot of films about the social realities created by South Africa and the United States' respective systems of apartheid. As a child, I found it easier to relate to the experiences and concerns of Black people affected because of my dark skin tone, which similarly subjected me to instances of anti-Black racism in Germany. The US films bridged a gap in the books that were available to me and deeply affected my awareness of the many injustices against African, Black and other melanin-rich people. So much so that, at the age of 12, I was moved to give a presentation on racial segregation under the Jim Crow Laws in my English class. At that time, I couldn't even pronounce "racial segregation" properly. But this history's relevance was already more important to me at that age than any proper pronunciation of foreign words. You can imagine how perplexed my German classmates from that Bavarian village were by my choice of subject and by the Black people's testimonies I was presenting to them.

M: What had a similar effect on me as a child was British colonialism in India, which I learned about through a Gandhi biopic from 1982 with Ben Kingsley as the lead, as well as the history of Nazism and the Shoah in Spielberg's *Schindler's List* from 1993. Though I had also been told our own histories of flight and war in Afghanistan, it was – ironically – these American feature films that gave me a broader understanding of the broad, systemic connections between injustice and violence.

You know, I wasn't socialised in an especially leftist or activist family context. I think that was different in your case. I knew of the "collective" primarily through affiliations with other groups: loyalty and trust within the family; ritualised and conformist practices of community in religious

163

confession; national or otherwise structurally
determined and emotionally charged belonging,
beginning with the classroom, the neighbourhood,
or even the homeland. For me, family and solidarity with it was central to my upbringing and
took precedence over all else. Blood is thicker and
all that. Family *über alles*.

S: I'd say that my family is not necessarily politically
left-wing in the conventional sense. Rather, through
the persecution and expulsion of their people, they
were forced to engage politically in supporting
the rights and independence of Eelam Tamils. Since
Ceylon's national education system was shaped
by socialism, and the militant parts of the Tamil
liberation movement displayed a Marxist orientation,
my parents developed a certain political leaning
and worldview. They were certainly convinced
of the necessity of our armed struggle, but nevertheless, they tried to keep their children at a distance
from the violence that eventually forced our family
into exile. The spatial isolation into which we were
forced by the German asylum system helped them in
this undertaking by further separating us from the
larger community of exiled Eelam Tamils in Europe
and their burgeoning infrastructures. Still, my
parents couldn't fully prevent me from developing
an interest in the world's political events at a young
age. In my youth, as I gradually became more
occupied with our history of oppression, I quickly
stumbled upon historical references and learned
about commonalities and active political collaborations between our resistances with other liberation
movements, be they Eritrean, South Sudanese,
Kurdish or Palestinian. The recognition of this

shared suffering and common struggle through, for instance, letters of solidarity or press statements invoking an anti-colonial *Internationale*, allowed me to develop an awareness of the global connections underpinning our fight and the allies who stood with us in solidarity. Mandela and South Africa's ANC were just one important example among many.

M: I only encountered socialist, anti-imperial, anti-colonial and feminist concepts of solidarity later in life. While studying, I came across ideas of Internationalism, camaraderie, cooperatives and other forms of the "collective," and as with many students, it was these encounters that politicised me. Up until that point, my understanding of history, its actors and political movements differed in particular from left-revolutionary accounts of the world. As a child I knew Gandhi but not Sankara; I learned about Martin Luther King but not about the Black Panthers. Comparing our experiences shows once again how essential socialisation and identity are in determining the focus of attention and thus solidarity. Which political histories and movements are conveyed to the general public and why? And which political histories and movements are the ones almost exclusively remembered by the people who were directly affected? Historically speaking, is it not primarily anti-colonial and socialist traditions that articulate and cultivate their relations of solidarity with one another? Even when they're forced to, as in the case of the Soviet occupation.

தமிழீழ விடுதலைப் புலிகள்
Liberation Tigers of Tamil Eelam

Greetings from the Liberation Tigers of Tamil Eelam to the Palestinian People

Dear Comrades,

At this crucial and critical moment in the history of the Palestinian struggle for self-determination, we, the Liberation Tigers of Tamil Eelam, on behalf of the people of Tamil Eelam, wish to extend our solidarity, support and friendship to the determined and heroic struggle of the people of Palestine.

The subversive hands of Zionism and Imperialism are stretched all over the world. We, the peoples of Tamil Eelam and Palestine face the common enemy and have a common cause. A determined revolutionary war is being waged in several fronts of the world against the Zionists, Imperialists and Racists. The National Liberation struggles of the peoples of Tamil Eelam and Palestine are an integral part of this International War against the evil forces of Zionism, Imperialism and Racism.

We assure you, Comrades that we will fight against these Zionists and Imperialists all over the world until this barbarism is completely eliminated from the face of the earth.

Greater co-operation and co-ordination between the people of Tamil Eelam and the people of Palestine will be an effective force to eradicate the menace of Zionism, Imperialism and Racism. We should take constructive steps to forge unity and solidarity in our joint struggle against these global forces of reaction and subversion.

We the LTTE & the people of Tamil Eelam express our unequivocal solidarity and friendship to the people of Palestine in their gravest and bravest struggle against Zionism and Imperialism.

Long live the Solidarity and friendship between the peoples of Palastine and Tamil Eelam.

Political Committee,
Liberation Tigers of Tamil Eelam.

166

S: You're right. When the Kurdish political leader Abdullah Öcalan was arrested in Nairobi in 1999, I was only 13 years old. And yet I was aware of the significance of his extradition to Ankara for the Kurdish movement. But I also knew what his arrest meant for us, how important it was as an Eelam Tamil to protest against it, since we shared this experience of state and global repression with the Kurds. At home, the sound of Tamil and English news broadcasts was a constant backdrop. We scoured them for reports about the war-genocide in Eelam. By way of it, I developed a sensitivity for the many conflicts and injustices of this world, the pain that we share with others. Back then, the infrastructure of information was, however, much more difficult to navigate for oppressed groups, since the monopoly on news lay primarily with state or private-corporate information portals. This is important to keep in mind, because it meant that the flow of information and, with that, the possibility of witnessing or opposition could only arise with significant time lags. Today it's somewhat different: now we live in times in which temporalities have altered so fundamentally thanks to the digital infrastructure we use to meet and communicate. At the same time, we shouldn't forget that so-called social media comprises private and profit-driven companies that may be subject to state regulation and intervention and are therefore susceptible to pressures to align the supposedly autonomous digital space with nation states' existing regulation and governance of analogue spaces.

> M: Yeah, the dominant, digital networks are largely made up of individual corporate monopolies. These private companies are

becoming ever more political in their actions. Sometimes they almost behave like independent states that want to and can push through their own interests at any cost. It's no secret that Meta or Elon Musk's companies, for example, intervene significantly in democratic processes and push through their interests, even where they

stand in conflict with national or international law. These platforms are, however, often the only communication channels for activists, journalists or those affected by a conflict. So what does it mean for these movements and their efforts to circulate information if Meta can moderate and monitor all content on its platforms? Here, the guidelines are often opaque, and users have little to no say in the matter. Meanwhile, even Human Rights Watch reports on the discrimination and suppression of pro-Palestinian voices on Instagram and Facebook and denounces this as systematic censorship.

The former economic minister of Greece, Yanis Varoufakis, describes in his book *Technofeudalism* (2023) how 21st-century capitalism has been replaced by a new system of exploitation in which the owners of Big Tech companies act like feudal lords. Their gigantic private companies are huge surveillance platforms and farms of data collections. Today they make up such a large part of economic growth that the traditional workforce and citizenry relations that existed since the era of industrialisation have become rare. This reduces our organisational scope for making political demands together. The term Digital Colonialism points to another critique of the growing power of these companies, including the way they divide up the so-called Global South and its raw materials amongst themselves. Sometimes you also hear about this in the news, as with the reporting on the disastrous conditions in cobalt mining in the Democratic Republic of Congo, which is necessary for the manufacture of the products of the Big Tech era. In response to this, the human rights organisation International

Rights Advocates has filed a lawsuit on behalf of the Congolese families of deceased or injured miners, specifically in the so-called USA, in order to force the US companies involved to take responsibility.

S: Digital spaces are by no means autonomous spaces. As Eelam Tamils, we've had to struggle with similar censorship mechanisms for years. And this problem has been intensified through monopolisation by private corporations, which also affects other liberation movements, like those in the Karen State or in Rojava. Sometimes entire websites are banned, private profiles blocked, symbols flagged up, hashtags concealed or entire internet blockages imposed so as to limit their visibility. As arbitrary as these repressive measures may often seem, they are driven by an underlying systematic impulse.

Visibilities, as with invisibilities, are produced and managed; they're not the result of some natural condition. Since Facebook changed its so-called *Community Guidelines* in 2017 – and it's interesting the way surveillance is introduced in terms of the social concept of "community" – censorship has increased, and it is often carried out by outsourced, exploited workers in the so-called Global South. With time, the digital techniques of surveillance ripen, they change and become more efficient. While censorship sometimes used to set in only after a couple of days, Instagram now even prevents images or videos being posted in advance, as soon as certain conspicuous words or images sequences have been identified. Of course, the censorship apparatus gets to work much more quickly on leftist voices than on right-wing ones. And even when some of these censorship attempts can be disputed in a dogged process, it remains a battle with time, in which activists and their concerns tend to lose against companies and their political decisions.

M: Added to this is the possibility of manipulation by external influences, which can eradicate or distort discussions and positions overnight. Weren't there reports in early 2023 about this company offering targeted manipulation campaigns as a service? Let me look it up quickly. Yeah, that's it, look here: it was an Israeli company of former military officers and agents that is said to have rigged elections in Kenya and Nigeria. They were supposedly involved in over 33 national election campaigns and votes worldwide, for example, by creating verified accounts with tens of thousands of bots on Facebook, Twitter and YouTube at their disposal. They advertised that they were capable not only of influencing public opinion but also of hacking information. And that's probably just one prominent example among many of these providers, which systematically and strategically play on publicity, attention and information.

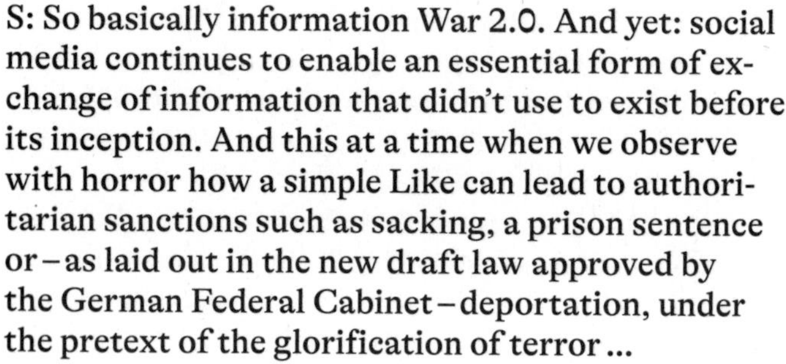

S: So basically information War 2.0. And yet: social media continues to enable an essential form of exchange of information that didn't use to exist before its inception. And this at a time when we observe with horror how a simple Like can lead to authoritarian sanctions such as sacking, a prison sentence or – as laid out in the new draft law approved by the German Federal Cabinet – deportation, under the pretext of the glorification of terror ...

M: This is such an Orwellian Nightmare! Big Brother is watching us. Haha. Though the implementation is also questionable. It can only be done in a totally selective way, with people spying on each other and only in selected groups of people. The Stasi has a comeback. Wow, I've just managed to bring in three platitudes in one go.

S: A record! Haha. Yeah, spying is a speciality of people here. Targets of these authoritarian actions are, of course, groups who have already been negatively branded by the establishment, who are already the focus of political campaigns of vilification – such as racialised and poor people …

> M: Meanwhile, their own police officers and *Verfassungsschutz* folks spread dehumanising and contemptuous garbage without any consequence – well, as long as they can use their monopoly on violence to deport impoverished refugees and migrants, I guess.

S: And in spite of these developments, I would claim that the decentral nature of social media still provides us with opportunities that aren't available in the analogue world in the same way.

These days you often read across social media that there have never been so many parallel conflicts as there are now. "The world is burning like never before!" But that's just one side of the story, since the way that information circulates – and here I mean, our perception of it – has changed: due to its relative decentralisation, much more information reaches us simultaneously from multiple directions, which gives us the misleading impression that the world is suffering much more than before.

Before social media, suppressed information made its way to us only via alternative, non-state channels, such as in independent print media. I still clearly remember how we got hold of Eelam Tamil newspapers from Paris and London, in which the news was already two months old by the time it had reached our post-box. This temporal distortion also delayed our rage, grief and, with that, our potential for agitation against the crimes. I think the sluggish flow of information also forced our solidarities into relations that were dependent upon spatial proximities: it was thus decisive who was in your physical surroundings, where you would encounter, exchange with and, ideally, support each other. For this reason, refugee protests in the Federal Republic in the 1980s were not only protests against the violence of West Germany's asylum policies. They need to also be seen as protests against those states that first forced refugees into exile. It was also here, in these protests in exile, where refugees from different contexts were able to meet each other, to learn from and about each other and thus relate to one another and organise for each other on the basis of a shared sensibility towards their diverse political interests and demands, far beyond those in Germany.

M: Isn't it difficult to talk about something like solidarity without immediately describing a utopia, or at least an ideal? Many of the forms of solidarity we've talked about up to this point require so much knowledge and exchange, as well as the conditions to organise oneself practically beyond just paying lip service. I think a lot of people remain ignorant to the realities of other peoples' lives. Either they underestimate the complexity of relations, or they're uninterested by the suffering of others. And then there are others who are overwhelmed and somewhat lost, who ask themselves where to begin with all this suffering. Perhaps it helps in this case to recall the more approachable and graspable moments of solidarity, which allow us to step out of this situation.

S: This throws me immediately back to my primary school years. Back then, we were among the very few *foreigners* in school and thus directly exposed to the racism of German schoolchildren and teachers. So, we protected each other against it. I'm also thinking about the ways our parents lived in various refugee camps in West Germany, and how we interacted with each other there; how we helped each other, how we collectively struggled against the structural difficulties we faced and, in this way, gave each other the feeling of having some self-worth and dignity – which is exactly what the Federal Republic systematically tried to deny us through the violence of its asylum system. For me, these are practical and everyday forms of solidarity. We acknowledged the suffering of others and tried to communally alleviate it and to stand up for each other.

We've both lived in refugee camps – I was actually
interned in one for the first seven years of my life,
a significant part of my infancy. It comes as no
surprise that I took an interest in researching the
spatial politics of refugee camps in my PhD project.
Refugee camps are highly political places in which
the state arranges for the removal of rights from
inmates while, simultaneously, those deprived of
their rights organise against these injustices
through collective and cross-solidarity actions.

> M: Yeah, you're right. Refugee camps are interest-
> ing places to think about solidarity. This tension
> between an artificial isolation from the rest of
> the population on the one hand, and the hyper-
> proximity, indeed, the concentration of disparate
> people in these centres on the other. The only
> thing that binds them is their political status…

S: … a status to which they are violently confined
by states. The political structure of the refugee
camp is designed from the outside – from the side of
the state – while, at the same time, it is shaped from
within by the daily life of people, into which the
outside has little insight. In the refugee camp, where
oppressed peoples from various regions around
the world are forced into an encounter, an exchange
took and continues to take place that significantly
shapes the image that many refugees have of
the world they inhabit. This was also the case for
my family.

M: You've talked about your time at school.
Maybe you can go deeper here? I'm interested in
these foundational moments of lived solidarity.

S: For example, I can remember how I joined up with
a group of Kazakh classmates – indigenous Kazakhs,
not the German settler colonists – to form a so-
called Asian Alliance. Of course, this was a purely
imaginative collective, but it still offered us a protective body against the structures of discrimination
in our school, as well as the physical attacks we
feared on the way there each day. For context, in the
Bavarian village there were also proper neo-Nazis,
old-school ones with jump boots and shaved heads.
The local refugee camp housed a total of three Eelam
Tamil families. The village's schools had until 1945
been called – what else? – Hitler School. At the end
of the school day, we naturally always waited for
each other to walk home together, in order to avoid
potential attacks by neo-Nazis or other racist,
German teens.

This childhood anecdote might sound banal, but
it's precisely because of its everyday character that
I recall it so often. Such seemingly banal examples
of everyday organisation, as collective survival
strategies, are important forms of protests, which
still seldom register on the spectrum of potential
political actions. In the analysis, these deeply
affective experiences are not ascribed the value that
they could have for one's own process of politicisation. Even fleeting moments of eye-contact between
non-white people who don't know each other could
be included here too. On the street, for example,
Black people will often nod to me, greet me or give
me a smile. I do this too. As meaningless as these

things seem, I still believe that they take on a certain significance in life, since they can give you the feeling that a significant political potential lies there waiting.

> M: I grew up in a very diverse part of Hamburg with classmates of the most varied social and cultural backgrounds. The conflict lines of my youth were for that reason much more diffuse than those in your stories. However, when I visit my sister, who now lives a bit further out of town, I experience exactly what you describe: all non-white people nod to each other, it's like breathing a sigh of relief when they realise that they're not alone in the supermarket. You also spoke earlier about recognising the lives of others. To see where the other stands, to nod to each other, but also to extend your hand and walk shoulder to shoulder together. For me, that is a very touching image of solidarity.

S: The fact that our experiences in the countryside were different to those in the city just shows how decisive context is in understanding solidarity. Context is not static but rather shifts constantly, and with that so do the alliances that form out of it. Here in Berlin, for example, it's rare that people from West Asia would greet me, unlike Black or melanin-rich people. But in the village, even Albanians would smile at you since the sense of being *foreign* is negotiated differently there and thus necessitates other strategies. As someone who grew up in a village and then moved to the city, and who is equally racialised in both contexts, I often perceive a frustrating incoherence for precisely this reason:

some so-called minorities who were well-meaning
towards me in the country show barely any interest
in any form of solidarization here in the city—
not even with a very shallow form of solidarity like
smiling or nodding at me. This observation is
interesting to me because it reflects on a global
political level, where contexts and strategies are of
course constantly shifting too.

M: And because the contexts are so different and
require so much prior knowledge, the big challenge is to always stay informed and organised,
isn't it? That's why we value those people who
manage to keep others focused on what's going
on and when. This is the arduous work of
activists and political authors: they must always
be in dialogue with others and remain open to
criticism. Solidarity has to be nurtured and
cultivated. While I am politically interested,
I wouldn't dare to call myself an activist. I wouldn't
do this practice justice. Hence, I have to get
involved in another way. But it's inspiring for
me when authors or artists are able to organise
themselves as activists alongside their work
and, in doing so, remain committed to practices
of solidarity in a sincere way.

S: On this note, I have to think of the Indian writer
and activist Arundhati Roy. She's known for tackling
many critical political and social issues and, in this
context, openly stating her solidarity with oppressed
groups. But she has also met with resistance: her
statements on the Indian occupation of Kashmir
have often brought lawsuits for supposed sedition to

her door. On the other hand, some activists accuse her of meandering between conflicts: one time she'll write an essay on one subject, then she's on stage talking about another. Dalit activists accuse her, to take another example, of handling the subject of Brahminism and caste discrimination in India in a dishonest and opportunistic way – a justified critique that she just completely ignored at the time. Another criticism is that she herself often becomes the focus of her examination, which pushes the actual conflict at hand into the background. Similar accusations are levelled against philanthropists like Angelina Jolie and George Clooney. With Roy, I would differentiate. But political activists can also become celebrities and activate similar dynamics to those that we are more familiar with from celebrity philanthropy.

M: Do you think she should let others speak, instead of always taking the podium herself? Does the critique suggest that she's acting paternalistically rather than comradely; that for her, those affected are just material for a moral argument and not fellow comrades in a common struggle?

S: That's a good question. A similar critique is aimed
at academics who concern themselves with oppressed
groups in their research: they are sometimes accused of accumulating knowledge at the expense of
those groups without really returning anything.
These oppressed groups remain passive informers
in their work whose living conditions are analysed
by external actors, while the researchers take
advantage of and even reproduce a historical and
socioeconomic power dynamic in the service of
their careers. It's the researchers' authority in their
studies that then takes precedence over the statements of those affected. This one-sided, at times
even parasitic relationship is criticised in many
respects by those affected, for instance with the
inference that a long-term, sustainable and egali-
tarian collaboration would be impossible in this
system of knowledge production. And even if this
may not be so much the case in Arundhati Roy's
work, some may argue that it is. I can understand
that there's a general scepticism towards her person
now that she's become a celebrity in her own right.

M: Do you have an example of someone, a so-
called icon of activism, who practises solidarity
in an exemplary way? Who would come to mind
for you, right now?

S: Yes, here I'd have to think of Yuri Kochiyama,
for example, the Japanese activist. She was born in
Turtle Island in 1921 and was interned as a child
with her family in various camps – so-called War
Relocation Centers – in the 1940s, just like 120,000
Japanese residents and US citizens of Japanese

descent whose loyalty to the US settler state was refuted following Japan's attack on Pearl Harbor. In the 1960s, Yuri Kochiyama became a renowned civil rights activist who worked a lot with the Black Panther movement as well as other Black resistance movements in Turtle Island. She was also the one who held the dying Malcolm X in her arms when he was shot.

Compared to Arundhati Roy, Yuri Kochiyama positioned herself very differently to the critique regarding her own relationship to the Japanese caste system. There is a Japanese Dalit caste, too: the Burakumin, who still suffer from discrimination today. Like the Dalits, they also used to work with the dead and were thus seen as being "unclean". When a Burakumin activist once asked Yuri Kochiyama what she had to say about this caste system, she replied that it was terrible and that she'd never heard anything about it before; that her ignorance said as much about her but that it was her responsibility to listen to the activist, to learn from this unknowing, to understand and articulate how she was implicated in this exploitation and ultimately, to support her struggle. Meanwhile, Arundhati Roy dismissed all criticisms from Dalit activists at the time and trivialised them. You can observe here how differently people handle these power dynamics.

M: The capacity to receive critique is also central to the practice of solidarity. After all, we can only act in solidarity if we constantly re-categorise ourselves, listen and check whether our own positioning still makes sense. This requires self-critique and an evaluation of our own biases: do we believe the representation of a conflict because it fits into our worldview, or can we actually look at the material reality on the ground and assess the facts on this basis? Our perception – and with it, the basis of our acts of solidarity – is probably always ideological and motivated by identity, and solidarity is not necessarily progressive or morally correct. Right-wing activists are also organised in solidarity. Many are socialised with a particular kind of practice of solidarity, which is perhaps based on thinking in terms of blocs and motivated by economic, political or confessional interests. Empirically examining the narratives that inform our solidarities is probably the most essential self-critique.

S: You're right, solidarity is not a one-time blank cheque that you can issue once to be forever valid. We must continually examine ourselves, critically and honestly, and in doing so, remain capable of shifting positions and adapting to specific contexts and needs.

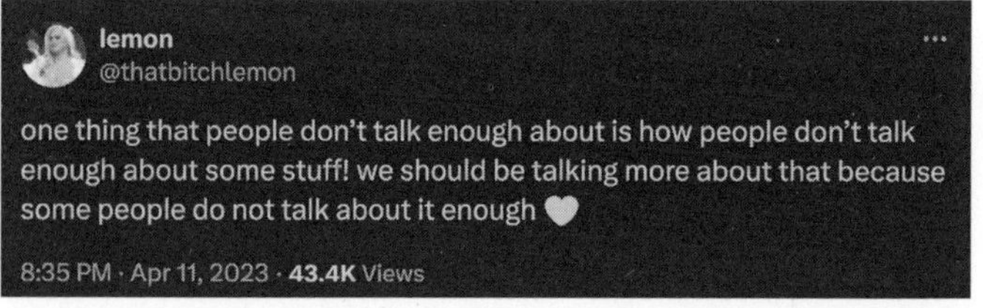

M: And you should really be able to differentiate between left and right, regardless of whether the person I'm showing solidarity towards has brown, black or ash-blond hair …

S: It gets even messier when states publish statements of solidarity. They of course don't just represent a people but entire systems of political governance and economic interests. Here I'm thinking of the State of Malaysia's statement of solidarity with Palestine, for example. In Kuala Lumpur, during moments of violence in Palestine, prominent buildings are almost always being lit up with Palestinian and Malaysian flags as though by reflex. At the same time, that same Malaysian state which decorates itself with Palestinian flags condones right-wing, nationalist policies against domestic minorities and actively criminalises anti-colonial liberation movements at home. This just goes to show how important the perspective on local contexts really is; and that it helps us to ascertain how universal or selective solidarity statements by governments are, and which identitarian motivations they are in fact pursuing.

M: The critique of double standards doesn't just concern the EU – which applies a different standard to Ukraine's military resistance and the flight of its citizens – but also the so-called Arab World or *ummah*, which downplays its own wars or unjust regimes and only selectively insists on the observance of human rights. Qatar has courted all sorts of terrorist groups, including the Taliban, which it has harboured for over a decade, during which time the group was responsible for countless crimes in Afghanistan.

During the World Cup in Qatar, we learned about numerous victims of systematic exploitation due to the kafala system, and it was alarming how many people didn't want to know anything about it because it disturbed this image of the rising Muslim Gulf state. What's solidarity with oppressed peoples worth if you're celebrating Dubai or Qatar as tax-free, non-European oasis states, in spite of their violent systems of oppression? This Wakanda-isation of non-European systems and their wealth really disturbs me.

S: Good that you bring up Qatar!

M: I knew you'd want to say something about that.

S: I experienced the football World Cup in 2022 as a massive frustration, though as a discursive moment there were a few interesting contradictions that came to the fore. According to a report in *The Guardian*, since 2020, when the location for the 2022 World Cup was selected to be Qatar and the construction of the tournament infrastructure began, over 6,750 workers originating from India, Nepal, Bangladesh, Pakistan and "Sri Lanka" reportedly died. A report from Amnesty International makes a claim for over 15,000 non-Qatari workers to have died between 2010 and 2019. The many dead were the consequence of a decades-long, neoliberal state policy involving a labour practice that has its origin in the Indian Ocean slave trade. The rise of the Arab petrol monarchy was only possible on the backs of primarily melanin-rich kafala workers, or rather: quasi-enslaved people. In the end, of course, the many dead turned into a terrible headline for this expensive international public event. It unsettled the attempted platforming of the organisers. While Qatar and FIFI were being heavily criticised by various Western human rights organisations, and there were even calls to boycott the World Cup by some, something interesting occurred. Suddenly many people from West Asia were defending the petrol monarchy against this totally justified critique, dismissing the critique as merely an expression of Western orientalism and anti-Arab racism.

M: Oh yeah, I can remember that you posted something on Twitter and there was a backlash.

S: My tweet at the time triggered a pretty hefty reaction; a lot of leftists opposed me, because Qatar also systematically tried to adopt popular solidarity with the Palestinian people in order to gain support for the World Cup in the Arab and Muslim world. And this proved very effective for Qatar: while demonstrations and political dissent are forbidden there – also during the FIFA World Cup, a policy that FIFA also approves – Qatar decided to use the FIFA World Cup as an opportunity to make a political statement on Palestine. Several buildings were illuminated in Palestinian flags, the flag was run up in public places; there was a Palestinian cultural pavilion built in front of the main stadium and prominent Palestinian activists with substantial reach were flown in. Even if everything had the appearance of solidarity upon first glance, here it was much less about Palestine than the Qatari

187

monarchy's own nation-branding strategy. This became especially evident as, parallel to this, Qatar was normalising diplomatic and economic relations with Israel. Back then there was talk of Palestine washing, as in the exploitation of the Palestinian cause by oppressive regimes seeking to distract from their own misdeeds through public surface-level displays of support for Palestine and thereby under-gird their own legitimacy – while fully being aware that a significant part of their own populations identified closely with the Palestinian struggle for liberation.

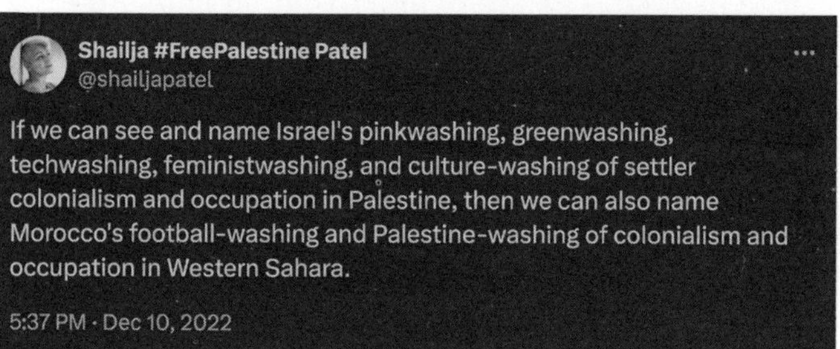

M: Was there not also talk of Arab Joy in reference to Black Joy? And weren't the critics of the respective unjust regimes not also ridiculed as killjoys, i.e., spoiling the joy of the Arabic fans? It's such an egocentric and dishonest response to a justified critique. What about the joy of those people who were killed in the construction of those stadiums?

S: Added to this is the fact that the association with
the deaths of up to 15,000 South-Asian and East-
African workers doesn't really help the Palestinian
liberation struggle. Their just cause fell victim to
a dubious marketing campaign. I wonder why Arab
solidarity excludes the foreign, melanin-rich workers,
ignoring their lives and deaths. Was it because
they weren't Arab and thus not regarded as people
of equal worth? That Arab joy was placed above
the lives and deaths of those non-Arabs, and that the
mere recollection of their violent deaths was
described by many on social media as something
plainly anti-Arab.

M: Many of these predominantly Muslim Arab states, especially the Gulf states, strongly define themselves through the lens of Arab nationalism and also Sunni Islam. Although this recurringly serves notions of a community or belonging, even an authority – as in the case of Saudi Arabia and the Hajj pilgrimage – this form of Arab or Islamic solidarity has no real practical dimension. In this context, no supposed Muslim solidarity hinders economic or diplomatic relations with the oppressors of the impoverished or displaced among them, be they Muslim or Arab. Within the kafala system as well, many of the dispossessed workers are themselves Muslims, such as those from India, Pakistan or Bangladesh. In Dubai and Qatar, conversely, you find the non-Arab superrich who are just as uninterested in their own people and the well-being of their ethnically related servants. Here, the class issue interacting with racism is interesting to observe. When do the rich stick together and tolerate each other, in spite of ethnic or confessional differences, and when is lip service paid to certain identities in order to mobilise the masses for one's own interests?

S: I want to make one last point about Qatar. Do you remember the World Cup match when Morocco won, and a Moroccan player celebrated getting into the quarterfinals with the Palestinian flag?

M: No. What was that about?

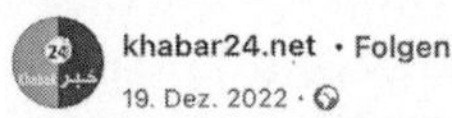

S: As this football player celebrated their victory with the Palestinian and Moroccan flags, it was not only Qatar who profited from this highly symbolic and media-savvy moment, which they most likely helped to stage, but Morocco, from afar, as well. The North African kingdom was suddenly being celebrated as a representative of Pan-Arabism and Pan-Africanism from different directions. Morocco's occupation and colonisation of the West Sahara was, of course, not mentioned here. And this in spite of that fact that

Sahrawi activists had described Morocco's Palestine Washing and the celebration of the kingdom as supposed champions of Palestinian rights as both cynical and damaging. Many regarded it as being anti-Palestinian to name this contradiction; a contradiction that was further intensified by the fact that Morocco had just made peace with Israel at the expense of Palestinian and Sahrawi rights. And in spite of all this, many leftist academics and activists didn't seem to notice the instrumentalization of Palestine, ignoring the contradictions underlying these policies and underplaying the criticisms of them.

> M: Here it makes sense to return to our initial question about solidarity as a one-way street: who's standing at each end and in which direction is it running? Because I have different expectations depending on whom I'm addressing: if I see some civilians on the news, for example, who have become targets of state violence, then my solidarity with them is unconditional, regardless of whether they share my values and interests. So, being against military violence, displacement or exploitation is a stance, but does this stance equate to solidarity? In other words: what are the prerequisites for my standpoint to produce a relationship of solidarity that contains all those things we spoke about at the beginning: acting together and recognising one another reciprocally? What I am trying to describe begins with a stance from within myself and is directed outwards without any specific addressees – and this can also be a one-way street, as in the case of the civilians I see in the news. Many friends coming

from different contexts of oppression, such as the Kurdish or, in your case, the Eelam Tamil, rightly complain that so-called Palestinian solidarity does not function reciprocally; that it isn't accompanied by a coherent stance with regard to Erdoğan's policies or the Gulf states' theft of raw materials in African nations.

S: Yes, it makes sense to keep an eye on the standpoint behind statements of solidarity in order to make visible hypocrisy and instrumentalizations of just struggles by unjust regimes. Taking the example of Morocco at the 2022 World Cup, we can in fact see quite easily that this was clearly not the principled stance of Morocco nor of the Moroccan majority population. It was much rather a targeted and meticulous co-opting of a political principle that would thus be misunderstood by many as the principled stance of the state and its majority population. Their spotlight on Palestine was for many also a spotlight

193

on the incoherence of their own foreign and domestic
policies. And although the Sahrawi demands for
self-determination and liberation do have many simi-
larities with those of the Palestinians, the degrees
of relation between their respective experiences of
dispossession, occupation and colonisation are thus
being categorically denied by most Moroccans.

And to return to your second point: of course, it's
painful when solidarity is being called for at the
same time as your own calls for solidarity have been
continually ignored. Who wouldn't be frustrated
by such an imbalance? Even among the world's
oppressed there are hierarchies that become effective or recognisable in different situations. Many
oppressed people are aware of this, or else they have
to go through the painful process of developing that
awareness. It's cruel to expect from the oppressed
to look beyond these inequalities. And this one-
sidedness creates a brutal and often unspeakable
sense of competition.

> M: As I listen to you, what becomes more and more
> apparent to me is the significance of positioning.
> That's why our personal context is so important
> to me, also within this conversation. Before social
> media, you had to be in direct exchange with non-
> profit organisations, political groups or family
> networks, who might be able to make you aware
> of the existence of a conflict or an injustice in
> the first instance. These days, with the globalised
> expansion of information through the internet,
> this has become somewhat more decentralised,
> accelerated and accessible, and yet, such publics
> are subject to intense struggles for hegemony:
> who speaks how long, how often, and who gets

194

heard? Which wars are also taking place within our media? Why do experiences of suffering have to outperform one another in order to earn our attention or empathy?

S: Or else, when one conflict becomes a template based on which all other conflicts can supposedly be measured and understood. And if something can't be explained through this lens, it becomes indescribable. A huge wall of smoke. As per the case of Sudan and specifically Darfur, the location and history of which is dismissed as being "too complex" by many. Instead of taking the time to give the situation sincere consideration, Sudan and Darfur are bracketed out or the conflicts are simplified in order to be able to state a half-hearted "Free Sudan" and call it a day.

When I was at a Sudanese demo in Berlin a few weeks
ago, which was for once attended by many non-
Sudanese people, I wasn't the only one to notice that
Palestinian symbols and protest slogans – instead
of the Sudanese's own – were dominating the space:
"Gaza, Gaza, don't you cry, Palestine will never die"
soon became "Darfur, Darfur don't you cry, Sudan
will never die." As though all the world's conflicts
could be explained and translated through Palestine.
This corresponds roughly to the common assumption that we hear again and again in left-wing political spaces and social media, that the liberation of
Palestine would lead to the liberation of all. Which
is not only extremely reductive; it's also just
factually incorrect.

M: The intention behind this is probably to create a
broad solidarity by bringing the struggles together.
But I fear, like you, that this propagandistic
flattening leads indirectly to a hierarchisation of
solidarity. The moment everyone is supposed to
place a strategic focus on one point on the map,
other geographies quickly fall out of focus.

To line up liberation struggles always means
imposing a certain order, which raises the
question of who should be lined up with whom.
I'm thinking here, for example, of the Iran-centric
"Woman, Life, Freedom" protests, which were
eventually forced to reflect on their Kurdish
origins and reluctantly mentioned the struggle of
Afghan women as a sidenote, thereby failing to
take into consideration the fact that the Afghan
protest calls were different: "Bread, Work and
Freedom". While this may not appear to be a very
serious difference, it shows how the dominant

196

voices will tend to overwrite or else completely subsume others. I find these unifying, almost even salvationist accounts of struggles that all need to be brought under one banner to be quite irritating. Who orchestrates this supposed unification? It doesn't seem to me that the relations of power and violence are so clear. I do believe that the political enthusiasm of one movement can strengthen others, and I believe in alliances, though I don't believe that one movement has the answer for all others.

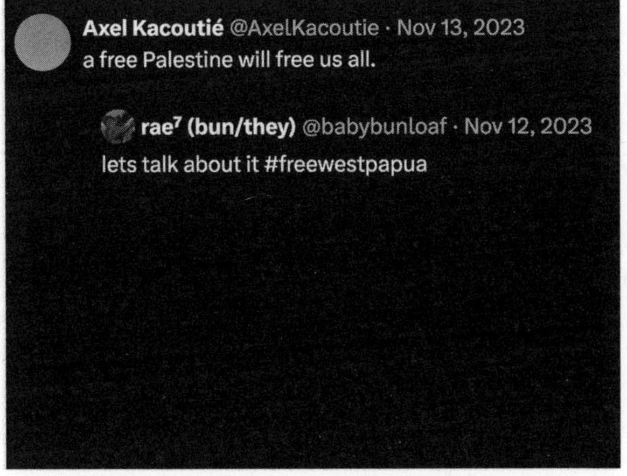

S: Me neither. These are examples of a process of overwriting that takes place in the guise of solidarity. The dangers of such literal translation are not missed by some activists, though it seems there's little change about these dynamics. Translations always run the risk of distorting specific contexts and leaving them behind as hollow frameworks. And this also creates a centre and a periphery. Darfur's tears will not be dried by proclaiming Sudan's longevity, as per the slogan. In fact, Sudan is in many respects the real problem for Darfur. Khartoum is the historical starting point for a long-standing policy of oppression and destruction of non-Arab populations by the Arab central state. Similarly, the Kurdish people will not be liberated if Persians appropriate their protest slogans and overwrite their specific context. If Persian nationalism is taken as the ultimate promise of liberation for the so-called minorities, then something has gone wrong. Clearly, we have learned nothing from history.

The specificities of each and every context are essential to understanding the power dynamics at play. We can't bracket them out in order to force a universal understanding of liberation or justice. Every situation, every conflict is different, even if they share certain structures. The responses to issues have to be worked out meticulously and each time anew. At the Sudanese protest in Berlin that I mentioned before, the outcome was that it wasn't really about Darfur or Sudan in the end. Suddenly the focus was much more on Gaza than on the actual occasion for the rally.

> M: I also think that an outdated and binary view of the lines of conflict leads to a simplified understanding of the world. We keep falling into the old bloc thinking of the Cold War, or else reducing all questions of power to European colonialism. Even where both constellations of power do continue to have an impact, this often leads to a caricaturing of non-white states or

actors as passive players or irrational victims of global politics. When dealing with the Taliban and Afghanistan, for example, mono-causal models of explanation are applied again and again: the foreign influence is either to blame for everything or it's the only salvation. Depending upon which lens we use to regard the conflict, our answers vary. If, for example, we reduce Afghanistan to an ideological-religious conflict and fail to take into account the geopolitical interests and struggles for resources taking place there, it won't be long before the call for white saviours is heard again. Accordingly, "Free Afghanistan" says absolutely nothing because who should do this freeing, and from whom? And well, it is also very oblivious to history, considering the interventionist policies of recent decades.

S: Most people in Europe and in the European settler colonies understand power relations – especially colonial and imperial violence – solely through Europe and European bodies. But Europeans don't actually have a monopoly on that. As soon as these forms of violence come from non-Europeans, directed at other non-Europeans, they can no longer be understood by them as colonial or imperial. It often seems to me that those outside these contexts withdraw as soon as they can no longer visually distinguish between non-European perpetrators and non-European victims. Instead of taking this as an opportunity to sharpen their analyses.

The question as to how the former colonised could become the new colonisers is, of course, complex, and it is hard to find a response using this reductive language of ours. We even fail to write and pronounce the terms correctly! Often, we lack the words to put the positions, the relations of time and power into language. Hence, we describe the so-called present as post- or neo-colonialism, in order to make a conceptual, temporal and political distinction from the past. We draw an artificial boundary that leads us to believe that something about these relations has changed. But barely anything has changed, in spite of so-called decolonisation! It's my impression that the critical difference lies in the fact that, today, there are more colonisers instead of fewer. "It's complicated" shouldn't serve as an excuse for not engaging further with a conflict. German history is also complex, and yet they continue to engage with it. Why should Darfur be more complex than the Crimea?

M: You're absolutely right. Coming back to the question of solidarity: I'm also interested in how it comes about that we ourselves, in our practice of solidarity, get caught up in such under-complex schemes. Sometimes you get the impression that it's only possible to speak in the European superlative if you want to make your concerns meaningful. It's not enough that tens of thousands are murdered in one place; the terminology pursues a form of the extreme, the unprecedented and the unsurpassed. And many non-European people know that they need to express their suffering in European terms and historical references to make it conceivable. Many of the Holocaust comparisons are for this reason not real comparisons that follow any kind of quantitative or qualitative analysis that can be taken seriously, but rather an attempt to be "seen" by European legal standards and Western empathy. Of course, this backfires because as soon as such a comparison is made, Europeans stop looking.

S: Yeah, from the so-called Western perspective, every rhetorical approach towards this specific genocide of European Jews constitutes a trivialisation, while it actually tends to be a desperate attempt from the other side to tie global histories of violence together and by doing so, rendering them comprehensible for Europeans. It's about bringing power structures into line in a world in which we all understand that it's European readings of violence and suffering that dominate our senses of being.

Then a similar, watered-down analysis also takes place when today's perpetrators of violence, far from Europe, are clumsily described as Nazis or fascists, almost as if German Nazis or Italian Fascists were the only forces of evil and violence on the planet. This is also the case when the so-called Second World War is taken as a yardstick for global temporal relations, forcing a hierarchy of violence in which something may be described as "the worst since the Second World War". Here we also encounter a linguistic problem: we are only able to communicate violence globally using imperial languages. In doing so, we're forced to submit to a vocabulary that is charged with mostly European experiences. And though we may be aware that these languages have become globalised through genocidal violence, many non-European speakers and readers are granted no space of their own in which they can establish their own words, directed towards their own experiences. They are rather forced to find a space for themselves within a limited vocabulary, in order to make their own histories globally understandable.

M: Wait, wait! I read something about this
the other day. In preparation for a literature
programme, I recently read the sociologist Eva
Illouz's book *Israel* (2023). In it, she writes about
a hyper-solidarity among Jewish intellectuals
towards Israel and how Hannah Arendt resisted
this with her thinking and writing. In any case,
there's a part where she cites Zygmunt Bauman
saying "Universality is the battle cry of the under-
privileged" and describes how the extension of
universal rights was a concern of Jewish people in
their respective national contexts. And since the
institutionalisation of Holocaust remembrance
and the acknowledgment of universal human
rights are connected, other, non-Jewish people
begin "appropriating" the Shoah, according
to Illouz, to campaign for their own, universal
rights and values.

I found the term "appropriation" interesting in
this context. Since I'd always tended to see it
in the way that non-Jewish people took Jewish
accomplishments within the hegemonies of
European institutions as exemplary, seeking to
align themselves with the teachings and values of
their experiences. Appropriation, on the other
hand, has a more negative ring to it to me, like an
illegitimate takeover rather than sharing a
common conviction. Illouz goes on to write that,
after the end of the sixties, the concept of the
victim of trauma and catastrophe asserted itself
as a central paradigm in political culture. It's
precisely this political culture of consternation
and the institutionalisation of remembrance in
which I see fundamental misunderstandings play
out. With the current reappraisal of German
colonial crimes and the ongoing anti-Ziganism,

we are in the midst of these debates, in which
questions of universality, solidarity and memory
are being re-negotiated from the ground up.

S: Most Eelam Tamils see an overlap between the
experiences of European Jews and their own. They
learn from the, as you put it, teachings that come
from the painful experiences of others, especially
those that have been documented, translated and

rendered widely available for the media – which are
thus also accessible for them. In the reconstructed
Jaffna National Library, which was burnt down
during the Tamil genocide by so-called Sri Lanka,
you can find countless books on the history of
European Jewish suffering. Some books on the Shoah
by Jewish authors have in recent years been promi-
nently translated into Tamil. I would claim that many
Eelam Tamil readers see themselves in this specific
history of pain, which took place far from their own
realities. However, the same also applies to the experiences of Tutsis, Darfurians, Rohingyas, Yazidis,
Palestinians and other oppressed groups affected
by collective destruction. They are also recognised
in their suffering and through the degrees of rela-
tional violence and yet information regarding these
histories is often much more difficult to come by,
especially if you have no mastery of the local nor the
imperial languages.

When I once watched a long documentary with
Amma on the genocide in Rwanda, the first thing she
uttered was: "They're like us, their persecution is
like ours." There is, as far as I know, hardly any
literature on the genocide of the Tutsis in Tamil; the
documentary was one of the first points of contact
with the history of Rwandan violence for my
mother. And even though Rwanda is closer to Tamil
Eelam than, say, Europe, it was still easier for my
mother to obtain information about the horrors in
Europe than about those that took place in the
more geographically proximate *non*-Europe – a result
of the coloniality of knowledge and the related
informational infrastructure. Even today, in a so-
called postcolonial world, Europe is still writing
and determining the canon. For us non-Europeans,
it's usually only possible to encounter each other

205

in the colonial metropole. Here however, we are declared a mere appendix if we get a mention at all. This situation makes it difficult for us to see one another beyond, outside of Europe and the frameworks of relevance that it sets for itself and thereby for the rest of the world as well.

M: This not only makes it difficult to regard each other, but also to organise with one another, right? Once again, I am reminded of a book, in this case *Safety through Solidarity: A Radical Guide to Fighting Antisemitism* (2024) by Shane Burley and Ben Lorber. The two authors try to counteract the prevailing isolation of the struggle

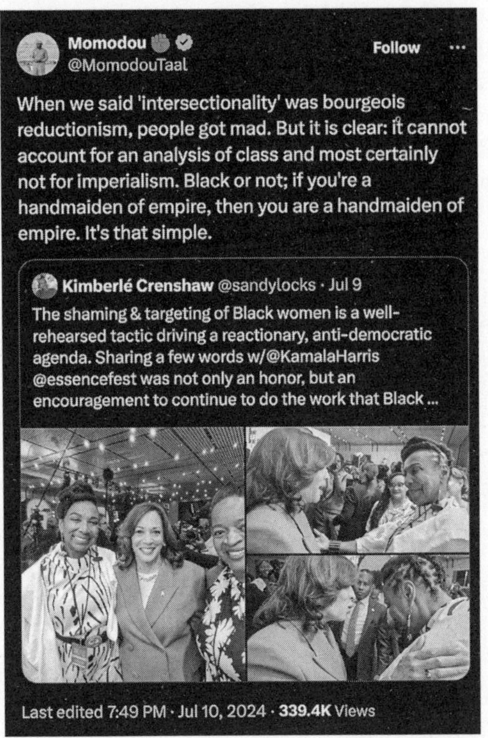

against anti-Semitism and with that, connect the European Jewish experience to other forms of oppression and struggles for liberation. They write consciously from the position of the leftist Jewish diaspora, which historically sought to create safety through alliances with other persecuted groups and minorities. In their book, they bring anti-Semitism into relation with anti-Black racism, Islamophobia and transphobia, arguing that it's only through the collective liberation that these oppressive systems can be overcome. I like this approach to safety through solidarity

207

and the analysis of different, interwoven systems of oppression. The authors take up the ideas of intersectionality coming from the working-class Black feminists of the Combahee River Collective: it's only when all are liberated and safe that we will all live in safety. If your safety is founded on the oppression and expulsion of others, then it can't be real safety but rather a state of constant fear of others. This fear is dangerous and very easy to instrumentalise in nationalist and capitalistic contexts. Building alliances is challenging in practice, of course, and their form is always determined by the context. Here, one would have to see in detail how the strategic search for context does not also generate a new hierarchy.

S: Yeah, things are brought together in a similar way in international institutions. The Polish Jewish legal scholar Raphael Lemkin developed the term "genocide" in reference to the mass murder of Armenians by the Ottoman Empire in 1915, though he initially conceived it much more broadly to be practically applicable to other oppressed peoples. That way, future genocides should have been made avoidable or condemned legally. But the so-called UN Genocide Convention upon which European nation states and their settler colonies agreed upon in 1948 in the aftermath of the Shoah ended up being the exact opposite. Although Lemkin placed a particular emphasis on the fact that mass murder should not only be understood in its physical but also in its cultural dimension, this essential aspect was nevertheless completely erased from the Genocide Convention because the European settler colonies could see in it the immediate danger that

they could be prosecuted for their own mass murders
of many indigenous populations in Turtle Island
and Abya Yala. What ultimately became the legal
definition of a genocide, by which we still try to
classify genocides today, was the result of a political
compromise; the new legal term was thus practically
inoperative for those affected. It was a dishonest
engagement, hashed out by reactionary parties. This
should hardly be surprising, since it's a form of
violence mastered and popularised by them to begin
with. Still today, Europe denies many non-Europeans
not only their experiences of violence but also its
legal interpretations – while the very same Europe is
implicated in many of these histories of violence. This
should remind us that so-called international law is
still an imperial construct. Postcoloniality, my arse.

M: This makes South Africa's and Namibia's
taking sides in favour of Palestine before the
International Court of Justice all the more
historic and impressive. We're seeing here how
solidarity between oppressed peoples is practised
before a court that certainly didn't anticipate
this form of alliance. And even Germany itself,
among others, is on trial as the second largest
arms exporter to the belligerent Israeli state.

S: That's true, it's actually a very interesting attempt
to shift the existing power dynamics. Significantly,
Namibia's criticism of the German support of
Israel's destruction of Gaza was made public on the
anniversary of the start of the German genocide
of the Herero and Nama (1904–8). This too was a
well-timed choice made on the part of the Namibian

state president, Hage Geingob, to parade Germany
in front of the whole world and brought to mind
the continuities of German colonialism. At the same
time, it was an attempt to remind the world of the
continuing lack of justice for the many victims of
German crimes against indigenous people in today's
Namibia. Even today, Germany refuses to pay reparations for its many colonial genocides or doesn't
even acknowledge them at all, as in the case of the
Maji Maji Rebellion in today's Tanzania. Although
Germany has since recognised the genocide of
Herero and Nama as such, it continues to emphasise
that it does so not according to the UN Genocide
Convention, since the government claims that this
cannot be applied retroactively. The so-called
recognition that Germany offers the Herero and
Nama is thus just a rhetorical nod, void of any
material consequences in terms of realpolitik. It's a
racist disdain, not a formal hurdle, which denies
people reparations. Germany is evading the principle
of justice while also portraying itself as a benefactor.
But justice is not a charity.

M: Earlier you mentioned the infrastructure of
information. I wonder how it can be that we know
so little about each other, in spite of the access
to so much information? And why do we still
remain within prefabricated identities and the
corresponding patterns of empathy, such that
the knowledge of others' suffering has little
to no impact on our everyday behaviour? And
why are we stuck in provincial, Eurocentric and
nationalistic debates around empathy and solidarity, in spite of globalisation and the accelera-
tion of political discourses?

I think that, when it comes to the distribution not only of material resources but also of immaterial capital, such as reach, network and attention, we are put in competition with one another. We could thus also speak of economies of solidarity and empathy, as though empathy and community were something finite that is used up at some point. These competitive relations produce a situation of artificial scarcity in humanity, whereby we have to decide who gets how much attention and support, or whom we want to listen to and see. This means that if we don't make a conscious decision about how our energies are channelled, they will be directed from the outside.

And then our solidarities will be conditioned by the priorities and hierarchies that our states, institutions, communities or social networks pass on to us.

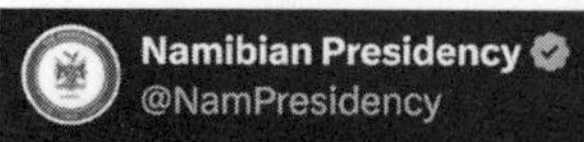

Namibian Presidency ✓
@NamPresidency

Namibia rejects Germany's Support of the Genocidal Intent of the Racist Israeli State against Innocent Civilians in Gaza

On Namibian soil, #Germany committed the first genocide of the 20th century in 1904-1908, in which tens of thousands of innocent Namibians died in the most inhumane and brutal conditions. The German Government is yet to fully atone for the genocide it committed on Namibian soil. Therefore, in light of Germany's inability to draw lessons from its horrific history, President @hagegeingob expresses deep concern with the shocking decision communicated by the Government of the Federal Republic of Germany yesterday, 12 January 2024, in which it rejected the morally upright indictment brought forward by South Africa before the #InternationalCourtofJustice that Israel is committing genocide against Palestinians in #Gaza.

Worryingly, ignoring the violent deaths of over 23 000 Palestinians in Gaza and various United Nations reports disturbingly highlighting the internal displacement of 85% of civilians in Gaza amid acute shortages of food and essential services, the German Government has chosen to defend in the International Court of Justice the genocidal and gruesome acts of the Israeli Government against innocent civilians in Gaza and the Occupied Palestinian Territories.

Germany cannot morally express commitment to the United Nations Convention against genocide, including atonement for the genocide in Namibia, whilst supporting the equivalent of a holocaust and genocide in Gaza. Various international organizations, such as Human Rights Watch have chillingly concluded that Israel is committing war crimes in Gaza.

President Geingob reiterates his call made on 31 December 2023, "No peace-loving human being can ignore the carnage waged against Palestinians in Gaza". In that vein, President Geingob appeals to the German Government to reconsider its untimely decision to intervene as a third-party in defence and support of the genocidal acts of Israel before the International Court of Justice.

S: Economies of solidarity is a good cue. The economic relation already comes to the fore in our manners of speech. When we speak of, say, the capacities we have that can be expended on something or someone, we are potentially normalising an economic model of thought and speech. The expenditure of these supposed capacities leads to them lacking elsewhere. "I don't have the capacity for x, y or z" is such a millennial or Gen-Z statement; it points to the management of energy, feeling, attention, work, interest and, yes, solidarities. They're all subject to rational and emotional processes of consideration and negotiation, and often we decide quite consciously what seems more important to us in that moment, what affects us and for what we are prepared to use our time and energy. Of course, time is limited. But why should this normalise an economic way of speaking about this matter? Time scarcity is systematic: we are not supposed to encounter each other and organise but rather expend all our time being productive for the capitalist system and capital accumulators, i.e. by being operative. This is how time becomes a commodity with which to negotiate, and which of course is equated with a financial value. As if it were a currency. Proximities play an important role in these calculations: ethnic, cultural, geographical, gendered, sexual and other criteria, as well as the availability of information – all serve as hallmarks for the directions in which our measures of empathy and effort are channelled. Which also means, however, that we have the power to decide where we want to expend ourselves, and in which situations or people we see ourselves.

M: Yeah, but when you put it that way, then you
can't criticise the Germans for their predilection
for refugees from Ukraine, whom they take in on
the basis of their ethnic or geographical proximity,
rather than those from regions outside of Europe.

S: My point is that we should realistically think about
the ways people perceive and feel, and then try to
understand the mechanisms behind these ways of
seeing. Affinities and aversions are, of course, products of social, political and economic processes;
they arise as part of a lived and constructed reality.
Europeans forming solidarities with one another
should come as no surprise to us today: they've
already done this in their many settler colonies,
where they overcame their ethnic differences
in favour of the shared European interest in the
subjugation of what is non-Europe. This solidarity
of the white is founded in essence on the fact
that they have taken up their position within the
category of the human, which they created for
themselves, and which is denied to non-Europeans.
Their idea of humanity is based on the supposed
inhumanity of others. In the case of Ukraine,
this historically formed paradigm is reduced to
something as banal as this: they can empathise with
the pain of the Ukrainians because they can locate
themselves in their bodies. In the sense of: "It could
also be us." And this proximity is conjured rhetorically by politicians like Annalena Baerbock and
Ursula von der Leyen to gain support for their
political decisions among their citizens. This then
leads to generous arms donations for Zelenskyy
and privileged access for Ukrainian refugees into
the European asylum regime. It's not really about

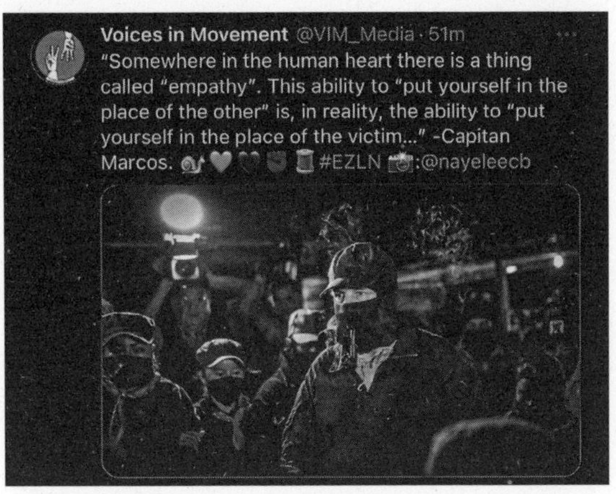

Ukrainians at all, it could just have easily been Latvians or Poles – but not, for example, Somalis or Uyghurs. But it's also about what Western Europeans see in Putin's Russia that they want to distance themselves from, and how this desire is converted into an almost fundamentalist form of solidarity with Ukraine.

M: Hmm. What do you mean by a fundamentalist form of solidarity? Are you suggesting that Germany's solidarity with Ukraine had something absolute about it, since the state subsidy was accompanied by calls for a boycott and sanctions?

S: At the start of the war in Ukraine, we saw in Germany how quickly solidarity can become state doctrine; how the state decides for its citizens with whom we stand in solidarity and whom not.

215

M: We are already familiar with this in the way the German state imposes solidarity with Israel.

S: Precisely. But let's just stay with the example of Ukraine. After Putin invaded Ukraine, Ukrainian state flags suddenly appeared everywhere in Germany. Whether at the entrances to ministries, town halls, on the roofs of museums and other cultural institutions, and – we mustn't forget – as kitschy light projections on the Brandenburg Gate in Berlin. Solidarity with Ukraine adorned the sky above Germany, which had simultaneously been cleared off Russian civil air traffic, since their flyover rights had been taken away. Behind these dramatic scenes, political, economic, social and cultural relations with Russia were frozen or completely cut off. From one day to the next, there was a culture of boycott on a national level, which was conceived by the government and in which the civil population was encouraged to take part both implicitly and explicitly. Of course, these different forms of solidarity were received positively by many Ukrainians. But it wasn't just Ukrainians who observed this display of flags. Others could also see the degree of solidarity that the German government and population are capable of when they feel affected and moved – and when it's decisively in the interests of foreign policy.

As part of this state-sanctified, anti-Russian climate, attacks also took place on Russian restaurants, clubs, supermarkets and Soviet war memorials. Parallel to this, there were also raids, such as on the cultural and events venue Das Russische Haus in Berlin, the Russian equivalent of the Goethe Institut. The German boycott was apparently so comprehensive that it did not even stop at commerce or science. Long-term, bilateral projects, plans and other collaborations, into which enormous amounts of public and private money had already been injected, suddenly had to be cancelled by government decree, contrary to the criticism of many. Solidarity with Ukraine had been declared a state doctrine, which had to be practiced at every level and by every institution. We also see this in the art and cultural scenes, where Ukrainian artists have been given an unprecedented measure of opportunities and support.

M: It's interesting to observe how much is possible when it's in the state's interests. All the instruments of solidarity that are available to the state through political and diplomatic work were put into operation. What in another instance had been going too far was deemed here appropriate

217

or not far enough. This goes to show that it's
rarely the means that are lacking, but rather the
political will and the economic interest in trans-
lating an ideal into action. And this commitment
didn't even follow the so-called universalism
of rights and justice but the particularism of
geopolitical formations.

S: It suffices to look at the national arms industry
and the deliveries of weapons. Here, we can
identify the directions in which political and economic alliances are moving but also the ideological
motivations they follow. In the last few years,
several billions in EU defence aid have been released

for Ukraine and Zelenskyy has been hosted in
Western European parliaments on his tour to gain
additional material aid in the fight against Russia.

Last year, I was at the vernissage of an exhibition
for exiled artists from Myanmar at which a representative of the National Unity Government of
Myanmar, i.e., the exiled government, also spoke. In
his speech, he asked the German government for
weapons for the various resistance movements and
their struggles against the Burmese junta and for
a free and democratic Myanmar. It was interesting
to note that the speech did not necessarily fit the
place or occasion.

M: And did the curators then choke
on their champagne?

S: Haha, no, but there was suddenly a very awkward atmosphere about the room. At that moment the problem became apparent, I think, that the German federal government and the German parliament were not paying court to the National Unity Government of Myanmar – as they were in Zelenskyy's case. The Unity Government simply doesn't have the occasion to communicate its interests to Germany in a public way. That's why it had to happen during an exhibition opening instead of in the Bundestag.

M: Then again, the exhibition opening is perhaps not such a bad occasion for this kind of demand if you consider that Zelenskyy is allowed to promote the Ukrainian resistance in every possible space. Be it at the Grammys, the Golden Globes, at the biggest film festivals in Cannes and Venice or at the Berlinale. And even at the New York Stock Exchange! Not forgetting that prominent *Vogue* cover story with his wife, staged by star photographer Annie Leibovitz.

S: You're absolutely right. Ultimately, these art and cultural events are state funded, they form part of the state's branding campaigns on the level of both foreign and domestic politics. So, the speech of the exiled government representative was obviously formulated in such a way that it belonged more in a parliament than within an exhibition held in a private foundation's building. This revealed the treatment non-state resistance movements receive – even those orientated towards so-called democratic values. They are quite simply denied access to those state institutions, let alone given defence aid. That's why the request for state support had to be made at an opening. And when the German government criticises and sanctions the junta in Myanmar, it sees no need for material support of the local resistance movements – unlike in Ukraine. Meanwhile, the same Germany has no concern about liberally exporting weapons to states that are known for human rights violations.

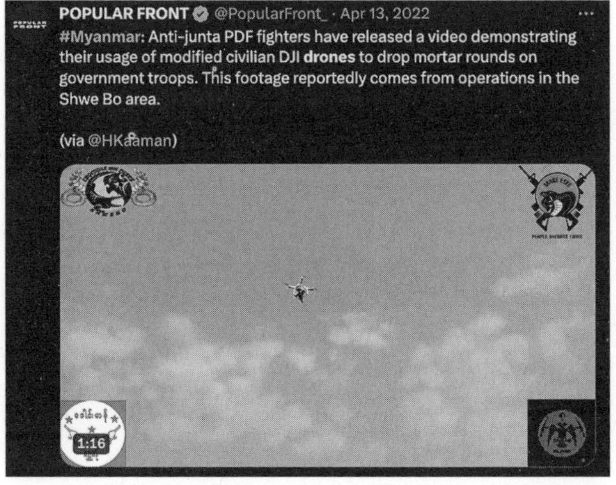

M: Yes! Among them being Egypt, Saudi Arabia, Indonesia, Israel and Turkey, to name a few well-known examples of states that disregard human rights. Here it should be emphasised that the arms industries are at the centre of the issue as significant national economic factors. Expanding this state-sponsored industry is more important to governments and companies than adhering to abstract ideas of so-called humanity and democratic values. And in the case of Israel, this military relationship is even rendered as solidarity; a solidarity that has actually increased tenfold from 32 to 303 million euros in terms of arms exports since the Gaza invasion in October 2023.

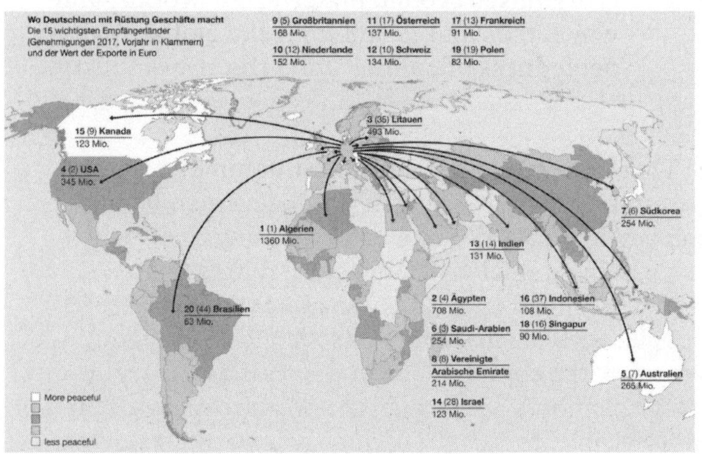

S: Arms exports are often the focus
of left-wing criticism.

M: Yes, Palestine Action is one such left-wing, pro-Palestinian group that aims to disrupt arms production and the trade with Israel in the UK. They use strategic vandalism against UK-based Israeli arms factories, such as Elbit Systems, to sabotage their production. The collective organises itself autonomously in several cells. Put in focus are the white and privileged members who, out of solidarity, consciously make themselves visible and vulnerable with media-savvy actions, while the more precarious non-white people without Western citizenship work undercover. This is a practical form of solidarity that is organised around material conditions, and which thus makes apparent the global interconnectedness of conflicts and the arms industry.

S: That's interesting. It's become a common principle, this strategic positioning of privileged members of a group in places of vulnerability, using their bodies as protective shields against state repressions, which are much more likely to affect less privileged people, with much worse consequences. In other protests, the complete reverse is the case: marginalised members are brought forward to make them more visible, thereby centring their struggle. I like these protest choreographies as well as reflecting on how protests can be designed strategically, to support one another and to bring about more justice. How can a struggle be propagated successfully?

This reminds me of Eelam Tamil protests in 2008 and 2009 in London. At these demonstrations, there were often women with small children and pushchairs in the first row, forming a physical barrier against the police. As the protestors made their vulnerability visible through mothers and children, they were reacting to racist and patriarchal stereotypes towards their bodies, playing up to Western ideas of which citizens are believed to be worthy of protection. And it worked! This strategy

was, however, also immediately scandalised by
the British tabloids, who accused us of using women
and children as "human shields". But why criticise
the adaptation to and mobilisation of these political
realities, which they themselves created, and not
the societal standards that categorise some bodies
as tame and helpless and others as threatening and
aggressive?

M: I immediately get what you mean. This always
comes up in the debates around war and refuge.
As though men, young or old, didn't deserve
to survive! I remember how a similar logic was
applied after the Taliban took over in Afghanistan
at the end of 2022. At that time, German activist
and filmmaker Theresa Breuer was posting on
Instagram that from now on "only" women
should be evacuated. This statement was all the
more grotesque because this person was involved
with the Kabul Luftbrücke initiative and there-

fore at least appeared to be in a direct position to decide which people would receive help.

White feminists' solidarity with non-white women often tends to essentialise men of the same origins. In the worst cases, the men can be really demonised, as though they were all oppressors in complicity with the systems of violence. Plainly speaking, sometimes they withdraw their solidarity from men within the structures of the organisation themselves. In the process, factors like class, confession, sexuality or health are completely disregarded. In the specific context of Afghanistan, for example, there were women who welcomed the Taliban while there were also men who feared for their lives. The imperial hierarchisation of victims by the West reduces brothers, fathers, sons and partners to enemies of women and obstacles to liberation. As we can hopefully still recall, it was this kind of American solidarity with Afghan women in 2001 that was used, among other tactics, as a discursive legitimation to bomb a large portion of the population, men and women, continuously for over two decades – and all under the pretext of liberation. That's why I am immediately alarmed and take notice when there's a rhetorical distinction being made between civilians who are worthy of protection and those who are not. Because every form of exclusive protection implies a general suspicion towards others who are thus free to be targeted.

S: Do you remember how German politicians lauded Ukrainian men as courageous, in supposed contradistinction to Afghan men, because they stayed back

in order to defend their interests rather than flee?
Afghan men, on the other hand, were accused
of being cowards as they left their country to the
Taliban without a fight. This is obviously racist,
patriarchal and simply incorrect, as it completely
ignores how many Afghan people of all genders
have been resisting the Taliban for decades. What
also goes unmentioned is the state pressure that
Ukrainian men are subjected to, to remain in the
country. And of course, there are countless Ukrainian
men who left the country legally or illegally, to seek
protection elsewhere, such as in Germany. German
politicians were much less concerned with the patri-
otism of foreign men than with the fact that, through
the separation of men from their families, the likeli-
hood of a repatriation from Germany following the
end of the conflict would be much greater than in
the case of whole families that have resettled in the
country. Basically, I would like to raise the fundamental question here of whom the administrative
category of "civilian" actually serves.

> M: And honestly, in the context of a global chain
> of conflicts, and against the backdrop of a
> profit-making military-industrial complex, I'd
> like to express my solidarity here with all those
> conscientious objectors who have no desire
> to voluntarily die or be mutilated for a piece of
> land or a state. Every person has the right to
> flee and escape from this situation.

S: I'd definitely like to go deeper into this point about
civilians. Often the idea of the so-called civilian,
or the term "civil population" is used to absolve of

226

any responsibility those people whose governments commit crimes, even when these governments are, factually speaking, the elected representatives of that very population. I really don't like this argument, especially in contexts like Israel, which is regularly termed the "only democracy in the Near East". As though that alone says enough about the quality of governance there. There are comparable patterns of argumentation in Turkey or Sri Lanka, where it's claimed using a similar logic that the elected governments make the policies and not the people. But when the people actually live within a democratic system and then repeatedly vote in the majority to bring a totalitarian, authoritarian and perhaps even genocidal system to power, it is this population, their approval and their active electoral habits that must also bear responsibility for the consequences of their political decisions. Majorities don't necessarily have an interest in the well-being of minorities and marginalised groups. People can be egotistical and long for rights and freedoms for themselves that they simultaneously want to deny others. Oppressed people within these systems can't afford to pretend that voters have no influence on the politicians who overshadow their lives. Let us look at Sri Lanka, a colonial state construct that by today is celebrated as the only stable democracy in the South Asia region. But the democratic structures have not led to the implementation of a just form of government. To the contrary: the situation of Eelam Tamils has not only not improved with the democratic conditions but gotten worse, because the Sinhala majority has repeatedly voted to bring anti-Tamil politicians to power. I find any discussion that fails to acknowledge this circumstance both dishonest and infuriating.

M: I can understand that. Whenever we say that
a conflict is not between the people but solely
between those in power, we have to ask ourselves
where a government comes from in a democratic
state. And we have to talk about the fact that
democracies are not always liberal and just, but
as you say, they can also justify violence through
recourse to the majority.

S: And the will of the people can also find expression
in the absence of dissent, resistance and direct
support when a government carries out violence
against internal or external others. Accordingly, the
genocide in Rwanda, Tamil Eelam and Biafra could
also be seen as an expression of a will of a specific
people. Why? Respective systems of government
were borne by a significant part of the population
without initiating a change of course or system
overthrow, even in the face of such violence. Yet
these population groups are repeatedly absolved of
responsibility for the atrocities that so often have
to do with resource struggles. This is just fascinating.
The equation of democracy with something good
is, of course, naïve, unworldly and so European.
This European view often romanticises democracy,
while it rarely sees its imperial and violent dimen-
sions. The European concept of democracy was
globalised through violence, based on this idea of
"civilisation". Though it has directly and violently
destroyed many alternative models of management
and governance, it still enjoys an assumption of
innocence. Even today, the European model of
democracy is dispatched into the world from here,
not seldom with the threat, or even application,
of actual violence. We don't have to look far to

understand what the demos is capable of; that the demos at large can also endanger others. The last elections in Germany, Italy, France and the UK reminds us that the will of the people does not always mean equality and justice. I mean, we know German history.

M: Yes, the Nazi Party was also democratically elected. And nevertheless, we continue to observe how this retrospective view leads to talk of a "seizure of power" when in fact a "transfer of power" would be much more accurate.

When we talk about minorities, I think it's important to note that minorities are not automatically marginalised groups. There are constellations of power in which minorities, though demographically smaller, exercise a disproportionately large amount of power. In Bahrain, in Ethiopia or in Iraq, for example, ethnic and/or religious majorities have been systematically oppressed by minorities.

S: True. Maybe it's more useful here to speak of minoritised groups or groups in and out of power rather than minorities. In the case of India, Brahmins, who constitute an extreme numerical minority, disproportionately control the state system. Elsewhere, we can observe how many minoritised groups are otherwise suppressed and excluded by the democratic will of the dominating populations. This is also the case in Myanmar, where the Bamar majority long dominated the state system that persecuted the Rohingya, along with the Karen, the Shan, the Chin and other so-called

minorities. These persecutions were justified and
supported for decades by the majority population.
The soldiers who implemented the state violence
against minorities also came from the majority
population. We can also ask ourselves the same
question with regard to Pakistan: who makes up the
Pakistani army? Armies are often discussed as
though they weren't part of society but rather some
ominous "state within the state". But the soldiers
have to come from somewhere: they have families,
a place of birth, a history and they are part of an
everyday economy.

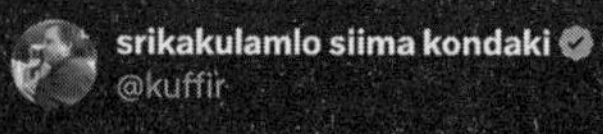

In an interview, a Bamar activist who was active
in the resistance against the military junta in
Myanmar once recounted how terrible the political
situation was there. In the next moment, she
confessed that her father had been a soldier in the
state army for years and had thus taken part in
the oppression of minorities for a long time. This
complexity, which is seldom discussed, interests me;
often we pretend that executives are not part of
society. But the soldiers and police officers go to bed
somewhere, they have partners and families, they

have social relationships to us and larger society. And
they also have the right to vote in democracies.
These categories are not as absolute as the language
around them would sometimes have us believe.

M: You're right, in relation to the USA there was
much talk after Trump's election about how,
purely mathematically speaking, every third or
fourth person was a Trump voter. That also leads
to a scepticism towards others, since it means
that you're surrounded by people with convictions
that disregard your protection and quality of life.
And now, shortly before the next US vote, there's
a remarkable approach to democratic elections:
people are trying to use their votes to stop someone like Trump, while at the same time this vote
also signals "business as usual", or a legitimisation
of the prevailing conditions. Many people from
the pro-Palestinian movement in the so-called
USA problematise the election of the "lesser evil"
Kamala Harris for this reason. Because, strictly
speaking, she shares responsibility for every
decision made under Joe Biden during the Gaza
invasion from 2023 to 2024. The pro-Palestinian
movement's criticism also includes the structural
legitimation of a genocide in Gaza. Such that,
whoever votes for Kamala Harris also rewards the
Democrats for their military support of this
annihilating force and normalises their political
decisions up to this point.

S: On TikTok and X, formally Twitter, there have
recently been heated debates between Palestinian
and Black commentators in the so-called USA, who

argued over electoral support for Kamala Harris. In these social media debates, representatives from two of the most prominent anti-colonial traditions and struggles of the moment collide, at least superficially.

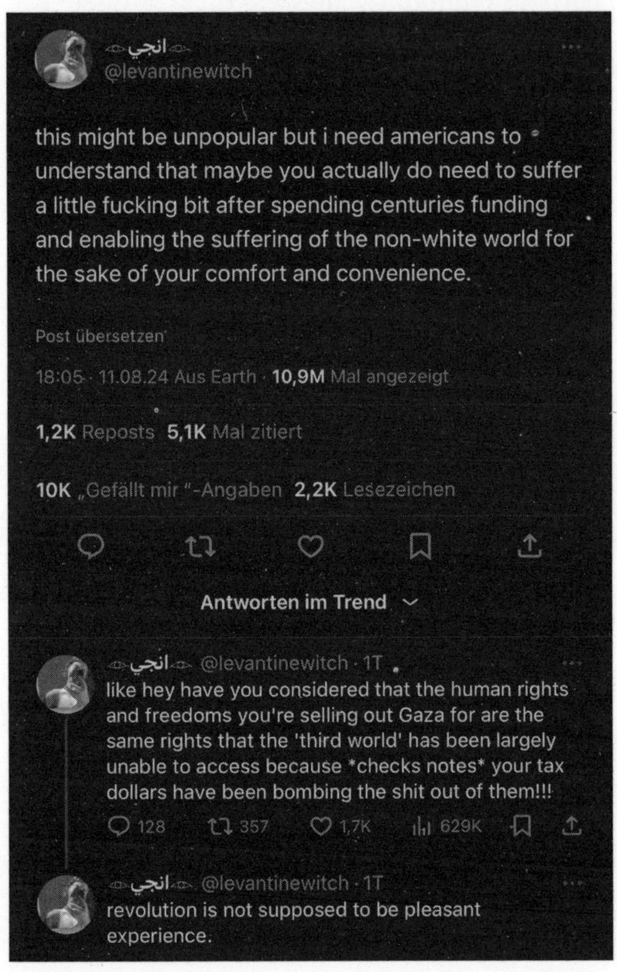

I find this friction interesting, as it articulates itself
in the demands, criticisms and confrontations
online. I see here a constructive potential to sharpen
our own notions of solidarity and to make them more
applicable for our lived and shared realities. Of
course, there are also destructive takes here, which
should perhaps point to the dangers in the ways
social media would imagine collectives and communities. These fall apart under the smallest amount
of friction, and then all the solidarity slogans in
the stories and the state flags in the profiles suddenly
risk disappearing.

Maybe this should also remind us of the fact that
these movements ought to not be reduced to indi-
viduals, nor to digital space, and nor should they
only be conveyed by diasporic voices. It brings us
back to our original thought, that solidarity is an
endeavour that can also call for unpleasant discussions. But unpleasantries like these are important
because they hold much potential for learning.

In these debates around the hierarchisation of
protection – i.e., the question of whose interests or

struggles are more urgent – I have often seen terms like "Oppression Olympics" or "Genocide Olympics" crop up. These are a symptom of the times we live in, in which we have gone from the hyper-gatekeeping of the term "genocide" to a reverse situation: suddenly all forms of violence are declared a genocide without any great concern for the depths of this specific definition of violence. Both situations are, of course, dubious. But my actual point is that conditions of competition are being created here that can corrode a substantial movement from within.

M: Yeah, you can follow the discussions in different groups on TikTok, Twitter and Instagram and on the comment threads that go with them. You can observe in real time how an alliance that has historically grown together, not only through thinkers such as Malcolm X, James Baldwin, Angela Davis or Cornell West, but also during the 2014–5 protests in Ferguson and more recently in the Black Lives Matter movement, is coming into conflict. Of course, these disproportionately loud voices on social media are not necessarily representative of the political movements that they claim to speak for. But they're arguing very effectively in a public sphere that can influence the thoughts and actions of many. The vote for Harris, whether out of naïve hope or practical need to limit the damage creates a conflict between those who want to protect their domestic political conditions and those who demand systemic change that could bring about political disorder. Here, the concern is that the potential violence of political change would most likely affect the

Black populations of the so-called USA in the most significant ways. This conflict of interest is a decisive moment to either endure the differences, discuss them or organise them differently. Even as a total outsider, it's frustrating to see how these discussions are conducted: in a condescending manner on the one side, and with a cynical defence on the other.

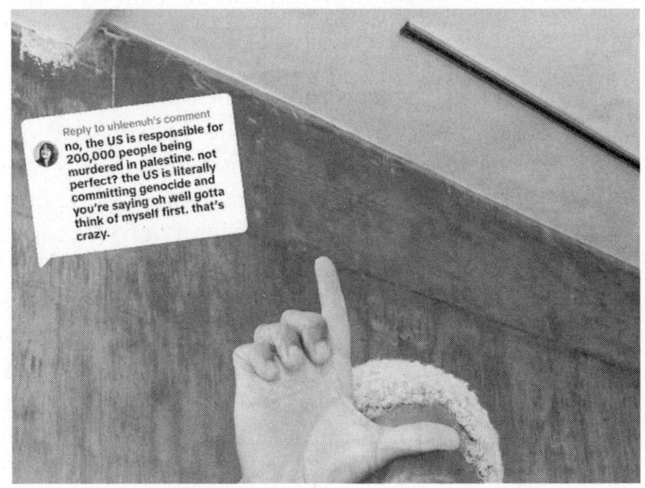

People within the coalition have to convince each other of their strategies, offer guidance and alternatives, in order to form large majorities. But often, some of the monologues on social media, which probably also take place offline, sound like intimidation tactics, political commandos that come with a moralistic puritanism or a personal frustration, lacking in systemic and collectivist far-sightedness. You're right, it's also possible that these are important disputes that belong to every movement. But through their massive publics of millions of followers, they entail other forms of humiliation, character assassination and individualised harassment. It's certain that two or three disputes aren't going to topple the alliances, but this is still a symptom to be taken seriously.

S: In the so-called USA there's a long tradition of valid critique of the electoral system, as it explicitly discriminates against minorities and indigenous populations. Added to this is the fact that the two-

party system impedes any effective political alternatives. We can't avoid reflecting on the infrastructures that enable a certain will of the people while they impede another. Here it should also be considered that the people's political expression cannot be reduced to its behaviour at the ballot box. The frames of our political action are much broader, and it takes place, importantly, beyond institutions as well. As, for example, when alternative political spaces are created in the form of protests on the street. It's here that the potential exists to create encounters that exceed local perspectives. Histories of people, pain, demands and experiences can come together all at once on the street.

M: You've already made extensive Instagram
Stories on the hierarchisation of solidarity and
attention. The so-called Middle East conflict
is, for example, inordinately present on social
media – in comparison to the liberation movement
of the Baloch people, the war in Sudan or the
system of exploitation in the Democratic Republic
of Congo. Supporters of the Palestinian movement have been criticised from different sides
for this imbalance; and in the attempts to explain
this stratification of interest, skin colour and
geographical proximity are often cited as reasons.

S: Today, we can differentiate between visible and
invisible struggles: the former become global
references, while the others are left in abstraction.
In the latter case, the import of the active struggle

is paid little heed elsewhere, far from where it takes place: its significance is lost in the distance and in translation, such that its relevance is limited to that one location. The visible struggles, conversely, are universally declared to be a kind of litmus test, irrespective of their location, as though they constituted a test of political integrity, since an entire worldview is perceived to be inherent to them. As though that were even possible! That means that the deployment of these struggles has entirely different consequences that can be translated into social and cultural capital elsewhere. Visible struggles, as in those that are conscious of their global interest and understanding, seem to me to demonstrate a sense of entitlement to solidarity from others because they are carried by this self-conception as having a prioritised place in the world.

Equally, those who are confined to invisibility perceive this as their place in the world. They understand that they have to translate themselves in order to become relevant; that their bodies don't suffice to move people in the metropoles. In making those connections with the visible struggles, they hope to shift global interest to their concerns. That's when the flags, graffiti and other symbols of those movements that have been deemed universal appear at the scenes of their struggles. Or awkward and desperate comparisons are forced between the different histories of violence. But this attempt to relate to the other is rarely mutual. As was the case recently with the student revolution in Bangladesh, which was probably only noticed by non-Bangladeshis online once its protagonists displayed blatant symbols of Palestine. Often, it's only these images that are shared and commented on, as though the student revolutions could be reduced to their expression of solidarity with Palestine. In Vanuatu and Kanaky, it's no different: as soon as the people there declare their solidarity with Palestine and make the connection with their own struggles, it's much more likely that these images start whizzing through whatever Instagram channels in Paris, eventually reaching us here. It's like a bandwagon that people hop onto in an attempt to make their issues more relevant.

M: Whew. You're so right, and at the same time I'm part of the problem. I also only see these forms of communication when they apply such strategies, i.e., when they consciously address a Western or English-speaking public. This is also, of course, because I'm part of these spaces and every such message only reaches me once it's at least been translated into English.

240

S: It's important here for me to also emphasise that
I don't question the sincerity of these solidarities
when I discuss the structures behind them. Naming
these dynamics can quickly be misunderstood as
undoing solidarity or even as a cynical attack on
various movements. But that's not my intention at all.
It should, however, be possible for us to shift away
from a romanticised view of solidarities in order to
have these uncomfortable conversations; conversations that acknowledge the pain of the many who
are forgotten or rendered irrelevant in this world.

Reflected in these unequal relations is the geographical proximity to, as well as the distance from,
Europe and Europeans, which determines whose
suffering and resistance is seen and whose stories go
ignored. Would it interest anyone if Kanaks were to
declare their solidarity with the Shan in Myanmar?
I don't think so. Neither in Kanaky nor here. It
would go missing. That means that solidarity only
moves and is considered of weight when it goes in
one particular geographical direction, which tends
to be determined by and through Europe and its
settler colonies.

M: Hmm. Well yeah, but solidarity emerges everywhere among all possible groups, we don't have
to be able to recognise it in the West for it to exist
and bring change for people. Only for it to become
globally relevant does it have to gain the attention of the imperial metropoles, or did you mean
something else?

S: Yes, that's what I meant with the coloniality of the infrastructure within which we are embedded and whereby we are much more likely to encounter one another in the colonial metropole than in the colony itself. As could be observed in the case of the Rohingya in 2016, where the genocide committed against them only became useful and relevant for large parts of the world once Al Jazeera and other media in the Gulf states named the Rohingyas "Rohingya Muslims" – which is how they became more tangible for the *ummah*, Muslim perspective. Their naming as a Muslim minority created a broader frame of reference within an Abrahamic world order. Had the Rohingya been majority Hindus, for example, instead of Muslims, it would have been quite difficult to construct such a frame of reference. With the Bamar in Myanmar, there was less to go on, as Buddhists fall outside the framework of understanding of many Abrahamic people. They are ascribed an absolute non-violence and with that essentialised into colonial tropes. The translatability of the Rohingya – or rather, the consumability of their history for another part of the world – is what is lacking in many conflicts. It's for this reason also that the genocides in Tigray or in Tamil Eelam are so hard to explain to people here.

M: I can still recall the start of the bombing of
Gaza last October when a whole host of young
journalists and influencers shared their day-to-
day and explained the situation there in English.
A lot of people, whether in Houston or Cologne,
developed parasocial relationships with them,
and their videos were shared millions of times
over. Watching the videos, I kept trying to imagine
how tragic it must be to have to moderate for
others your own fleeing and dying in a foreign
language, in the middle of a life-threatening
situation, in the hope that it moves the people
watching. At the same time, these videos were
part of the same attention economy as make-up
tutorials or food vlogs, they had the same format,
the same length, and sometimes even a similar
style and cut. The lengths people have to go
to just to garner empathy for themselves and
their survival!

S: Ah! That reminds me of the protest posters in
non-European countries, where imperial languages
were consciously implemented in order to target
a foreign – and not local – audience.

M: I've been thinking about empathy for a while
now. Because it always demands of those affected
outside the centres of power that they explain
themselves from this periphery, that they prove
and justify themselves. They have to express
themselves such that those in the majority or in
power can see, understand and tolerate them.
They subject themselves and adapt to this gaze,
so that spectators are not confused by their

otherness. According to this logic, the highest possible degree of sameness would be the prerequisite for empathy, but precisely this sameness just requires of the oppressed that they play nice and hide their own differences. And what happens when the differences prevail? Don't they deserve empathy and justice in that case? For example, I see how the emotionalization of debates around refugees and persecuted people leads to a one-dimensionality in our perception: people are rendered as pure victims instead of seeing them as political actors who have decided against a condition by leaving it behind, in order to claim a better life and to show their resistance.

S: You're right. On the one hand, those affected desperately search for empathy and on the other hand, there's a risk that outsiders start to over-identify. I'm also bothered by the way others' suffering is co-opted: when I sometimes listen to non-Palestinian Arab or Muslim friends, at some point their language morphs so drastically that their "we" becomes impossible to differentiate, such that you could think that they were Palestinians themselves. Where it becomes even more grotesque and macabre is when people with a Nazi background speak about Jewish suffering as though it were their own. In the overidentification with Palestinians I can see the components of solidarity quite clearly, and in a case like Lebanon also their own direct, military implication with Israel, manifesting not only in aerial bombings, massacres and expulsions but also the military occupation of Southern Lebanon (1982–2000). For people with a Nazi background, however, it's actually possible to see

the continuation of a genocidal chain of violence,
in which the affected are forced out of their own
histories of pain as the descendants of the perpetrators occupy their speaking positions. The co-
opting of Palestinian suffering by non-Palestinian
Arab and Muslims rather reminds me of tendencies
I observe with Eelam, when continental Tamils
would show solidarity with us, but in doing so, often
claimed our experiences as their own. But equally,
I am co-opting the experiences of others when
I speak here, in exile, of "our experiences", since my
experiences are also specific: I can't, for example,
speak directly for the hundreds of thousands of
Eelam Tamils who were murdered by so-called
Sri Lanka in 2009, nor for their families, since my
location is different to theirs.

M: You know, the more we talk about it, the more
I perceive identity and identification as obstacles
to a world of solidarity. Even if I can recognise
that important political work is performed via
identity politics – and I'd say you were right that
it's pivotal whether a statement is made by a
German, Lebanese or Palestinian person – it
remains a means to an end but mustn't become
the end point of political mobilisation.

In her book *Imperfect Solidarities* (2024), Aruna
D'Souza asks what solidarity without the prerequisite of sameness would look like. She probes
the ability to feel an empathy that is not inhibited
by differences: "What if we imagined a form of
political solidarity that was not based on empathy
but on its opposite – on imperfect solidarity?"
How can we stand in solidarity without completely
understanding our counterparts? I really liked

245

this approach of Aruna D'Souza because it corresponds with my own aspirations. This approach opposes every idea of integration and subordination and aims for a radically different understanding of community, in which the demand is not for consensus at the cost of the marginalised but for coalition building, and this on the basis of a constant examination of the many differences and contradictions that come with it.

How do you position the question of empathy in the context of the circulation of images of suffering people? Do you think they lead to a flattened emotionalization rather than an adequate analysis of power? Can they ever lead to more solidarity, or do they just feed a certain voyeurism?

S: I wouldn't criticise it per se, much the opposite: in principle, I support documentation as there's a necessity to document. Since colonial modernity, documentation in either visual or written form has become pivotal to declaring the mere existence of something. Only what's figured in documents counted from that point on as being real and worthy of remembering, as something that was conserved and thereby capable of outliving the body. This also meant that with the destruction of worlds and cultures beyond Europe, other traditions, such as that of the oral dissemination of information, increasingly disappeared or else experienced a deprecation. There were barely any alternatives available that allowed one to manifest one's own existence in this world in a sustained way. Hence, the colonised were forced to grasp at forms of documentation to make ourselves and our living circumstances graspable for others, though for us

246

ourselves too. Violence must be documented today in order to be perceived as such. In contexts in which the power of media and images is so unequally distributed that the truth can be easily manipulated, counter-documentation is not only a reaction to an existing imbalance of power but should also be understood as a counterattack. It's hugely important that the powerless and the have-nots take the camera into their own hands, to capture their realities in images themselves. Only in this way are they able to tell their own stories.

The question of what is represented is closely linked to the question of *who* represents it and with what intentions something comes into the image. In the Eelam Tamil context, in the context of the Dalit movement, or in the Kashmiri movement, many people are unafraid to show bodily suffering in a very concrete way. Because they know that they are not perceived as living and suffering beings. They're forced to instrumentalise their own suffering, in order to fight the denial of selfhood that they experience. Hence, in moments of absolute agony, they often point the cameras at themselves and expose themselves to the world to overcome their powerlessness; to be perceived by the world as suffering, struggling and thus *real*. I find it difficult to respond with a categorical answer to your question: it differs, I think, from case to case. How do you see it?

M: I'm going to try and answer with Susan Sontag's essay *Regarding the Pain of Others* (2003). In this, she poses the question as to whether the representation of suffering can prevent suffering. She investigates how war

What are you going to do with the video?
They are killing everyone
Can you hear us?

photography, through its dissemination and
a certain shock value, shapes the feelings and
conceptions of conflicts and the suffering
of others. What does it mean to see generic or
anonymous representations of suffering, if we
don't know their specificities? The more symbolic
–i.e., abstract–the representation of suffering
and war, the more limited our sympathy too,
right? So it is that moments can arise in which
Justin Bieber or Jamie Lee Curtis, for example,
share images of the destruction and suffering in
Gaza, though in actual fact, they want to express
their sympathy for the victims of October 7.
They mistakenly contextualised the images of the
victims of Israeli bombing in their Instagram
Stories with texts that expressed sympathy for
Israel itself.

Do we have to know who suffers and why in
order to be able to feel with them? The representation of suffering is not in itself a critique; only its
positioning and interpretation can lead to political
potential, as when the emotions evoked lead to a
resistance to war. It's not important that we know
that there is suffering but rather how this suffering is conveyed and in what relation we stand
towards it. The idea that the depiction of suffering
alone could reveal a universal and self-evident
meaning for all is, according to Sontag, a kind of
wishful thinking. These images are not objective
evidence of injustice but a medium and a pro-
jection screen of political reality. Different people
have, at different times and in different places,
opposing reactions to seeing a wounded child; this
might seem unimaginable to us, but it's proven
to be so. What Sontag describes can be confirmed
by looking at the comments under the image by

Alan Kurdi, the refugee child who drowned off the coast of the Mediterranean Sea. And the comment threads of images showing dead children in Gaza will quickly dispel anyone of their belief in humanity, where there is talk of "human shields" and how "Arabs don't love their children."

I also believe that we become desensitised through the repeated portrayal of bodies, always in the same state of suffering. During the first wave of Covid, there were direct comparisons to be made in the way dead bodies were portrayed. On the one hand, we saw the victims of Covid in Europe, staged respectfully in body bags in order to uphold the dignity of the people. And then on the other, we can all recall the ever-present photos of dying people from the so-called Global South, stored in all our minds as vegetating bodies with open mouths, half-naked, or else on the ground and wounded. What does this visual memory and its lack of consequences reveal about those in power in this world?

S: At the start of the year, the violence in Gaza was described by many as the first live documentation of a genocide. I have difficulties with this analysis and shared my grievances about it on Instagram. This assertion negates the many documentations of other genocides that took place before the current destruction of Gaza.

We also experienced the mass annihilation of Eelam Tamils in Vanni in the years 2008 and 2009 through live transmissions: local Tamil journalists and the resistance were already sharing documentation of the violence via the social media of the time, while we exilées abroad then further

disseminated it – not unlike the Palestinians today – in the hope that it would put a stop to the violence against our people. The genocide in Vanni was documented by both the victims and the perpetrators, as in the case of other mass murders that happened in the 2000s and 2010s. The images of that violence, however, moved only a few and it came to barely any pacts of solidarity, such as protests in the colonial metropoles. Why is it that, instead of declaring Gaza the first genocide shared live via social media, we don't discuss the general propensity to look away *until* Gaza? With such assertions, people are left behind with their pain who, like the Palestinians, have long been aware of the power and necessity of images. Where were people testifying back then when the photos and videos of the annihilation circulated? Why were they only moved by the photos coming from Gaza today?

251

Both examples evoke another painful discovery,
namely that an endless number of images circulating
doesn't necessarily end the violence. It's not about
the lack of information; it's about the lack of the
political will to protect these groups from collective
destruction.

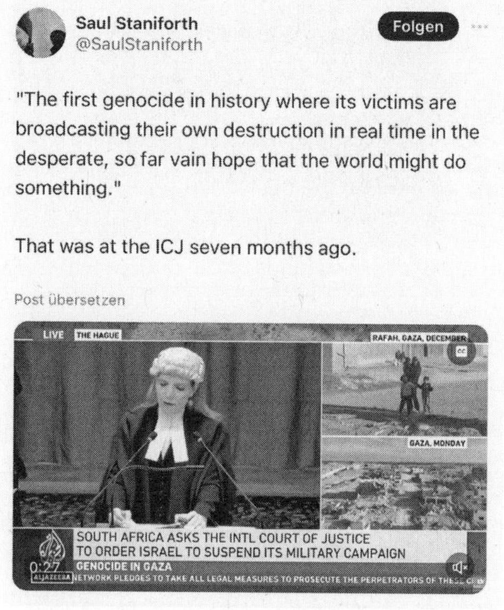

As Palestinians increasingly started to document
the suffering of their pets during the course of
Gaza's destruction, you could see that they were
aware not only of the effectiveness of the images
but also the lack of empathy towards their humanity.
By focusing on the dangers posed for animals in
Gaza, who were also suffering under Israeli bombing,

they were trying to prove their humanity through the care of their animals, while simultaneously making use of the viewers' empathy for these animals to convey the extent of the violence that affects all life there.

M: I don't know. We should really be well beyond the debates about empathy. I'd really like to skip over all these abstract questions and get straight to political solutions, but at the same time, I know that there needs to be more mobilisation for these solutions – and that requires collective action, thinking and feeling. Maybe this feeling with an-other is the most effective basis for any enthusiasm for change.

Let's go deeper here. With whom do we feel or sympathise? Sympathy is often equated directly with humanity. But what does it mean to be human, or what is humanity – what makes humans human? And would you say, after all the histori-cal and political abuse of this concept, that it has disqualified itself for you by now?

S: In my childhood, I was compared with and called various animals by many Germans and Turks. Usually monkeys. In a certain European way of thinking, people differentiate between inferior or "uncivilised people", those who are physically similar but culturally different, and those who lie outside their category of humanity entirely. The latter resemble them neither culturally nor physically. Usually they are melanin-rich people. In my case, it was such that I started to see myself through the eyes of melanin-deprived people. I started to recognise the monkey they saw in the palms of my hands, my nose, my lips. This used to cause me a lot of pain at the time. Today, however, I feel more scorn at being labelled a human rather than an ape.

The European concept of the human has been disqualified for me, in any case. But there's more than one understanding of the self and the world. In the so-called Pacific region, there are languages in which the term for human is the same as that for land. This is based on a self-conception as being part of the soil. Cultures often vary in the awareness

254

of their being and their relationship to the environment. This is also reflected in the terms for and about the self, which point to a reckoning with one's own nature that differs from the European one.
In this context, the history of the Hawaiian term "kanaka" is also interesting. It originally described all people of this world, regardless of their origin, until it was relativised by European colonialists and

assumed to refer to the indigenous populations of this one ocean region. At the end of the so-called 19th century, the term was taken up by German colonists who started using it to refer to the colonial labourers of that ocean region who had been abducted and enslaved. And that's how the term made it back to the colonial metropole, where it then, decades later, was used without distinction to insult contract labourers from the Mediterranean region. At the same time, the term was adopted as a self-description by the indigenous inhabitants of Kanaky, the French Pacific colony New Caledonia. It's useful to remind ourselves here that the naming of populations was uncommon in many parts of the world; this only became necessary through contact with outsiders. Similarly, surnames only became necessary in many parts of the world as part of a colonial state bureaucracy. When West Asian or North African people in Germany adopt the term kanake, they are overwriting the existence of a living indigenous population that is still fighting for its liberation from France. How are we supposed to connect anti-racist and anti-colonial struggles when people here aren't even willing to give up a racist, German-appropriated, foreign term out of solidarity for the Kanak population?

M: The question of the human appears upon first glance so unambiguous; the historical examination quickly shows us, however, how insecure and inconsequential the European concepts of humanity and human rights really are – and how arbitrarily they employ exclusion and violence. Historically, indigenous peoples, Jews, Black people, women, foreigners and enslaved people have been excluded from the European definition of the human and thus denied the status as citizens and legal persons.

I recently read in a chapter on solidarity in *Ways of Being: Beyond Human Intelligence* (2022) by James Bridle how in pre-Enlightenment societies, animals were regarded as part of the political community and therefore also subjected to the rule of law. Bridle writes of pigs who were arrested for child murder and made to wear human clothes to their executions. This variability in who counts and who doesn't just goes to show how elastic the boundaries of a definition really are. Why limit ourselves in our solidarity towards humans; what about the non-humans? Who and what counts as a legal person and is regarded in a court as such, with inalienable rights to protection and self-determination? And when are these rights sacrificed for the protection of companies or states? If we could manage to practise our values and solidarities independently of intelligence, ability or concepts of humanity, what forms of coexistence would then be possible?

S: The European concept of the human is a central part of colonial modernity. To this also belongs the notion of a separation between the so-called human and nature – the human stands above and extracts from nature. But while the European concept of

257

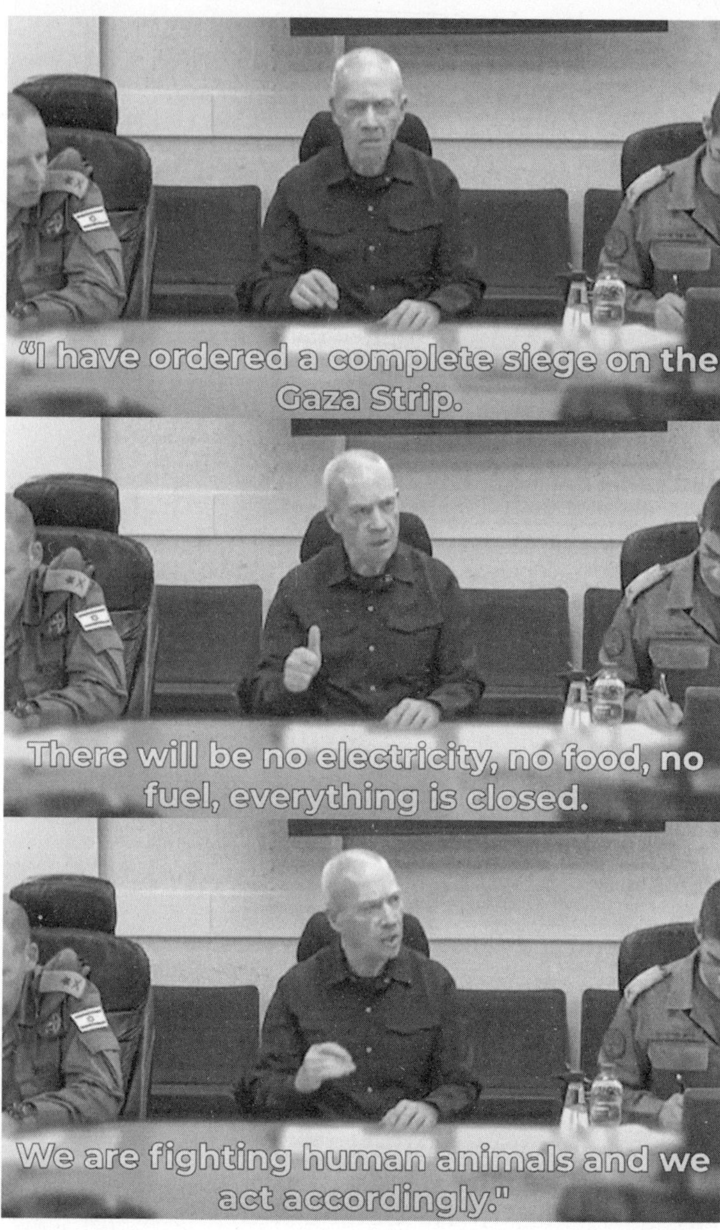
"I have ordered a complete siege on the Gaza Strip.
There will be no electricity, no food, no fuel, everything is closed.
We are fighting human animals and we act accordingly."

humanity still claims sovereignty in defining who is
human, when, where and to what extent, this racist
understanding of the self and of the other has
not necessarily led to non-Europeans refusing this
violent interpretation of what it means to be human.
We too have subjected ourselves to this ideology
many times over in a desperate attempt to be seen
by Europeans as "modern" and thereby also "entitled
to live".

Last year, the 75-year anniversary of the United
Nations' Universal Declaration of Human Rights
was celebrated with much opulence. The charter,
which was proclaimed in 1948 and has been signed
by all of today's 193 UN-member states, is still
seen as the greatest achievement of the post-war
imperial order. But what does it mean to devote
oneself to a legal norm that refers exclusively to one
species, and which is also applied very selectively
within it? While European institutions were busy last
year celebrating the so-called success of this charter
of human rights, members of the Israeli government
were shamelessly declaring Palestinians to be
so-called "human animals" before the world's eyes.
Palestinians were rhetorically barred from the
category of the so-called human and instead bundled
into the category of the animal, where they would
be outside the protection of those much-vaunted
human rights. In this way, the violence that the
Israelis were prepared to use against Palestinians
was legitimised.

This is an instructive example of the many racist
conditions that are inherent to the European category of the human: at best, non-Europeans receive
permission to access this category, but this can –
as in the case of the Palestinians – be retracted at
any time. In this we also see the contemptuous and

violent relationship of modern, late capitalist, so-called humans towards animals, who are not subject to the legal protections signed by those 193 states.

M: Dehumanising rhetoric is the first expression of genocidal intent: it's such a fundamental exemption from our notions of empathy and value, that it justifies every form of treatment of the dehumanised beings that follows. We know this from many other contexts, this dreadful comparison of entire populations and ethnicities with vermin or sicknesses. In eugenics and race theory, the animal boundary also plays a role. The more one supposedly resembles an animal, the lesser the claim one has to protection, participation or self-determination.

But there doesn't necessarily have to be this comparison with animals; it already suffices to use terms like "rebels", "resistant", "terrorists" or "collateral damage". This cool, dry transfiguration of a general suspicion permits forms of aggression towards whole populations, also rendering impossible and indeed demonising all compassion – not to mention solidarity – through both thought and speech. The war on terror brought up logics of argumentation according to which you would be a terrorist sympathiser if you rejected drone attacks, which condemn masses of people to death without a fair trial. This is, once again, the level of our discourses in Germany. And they all function on the basis of a systematic dehumanisation of, and with that, the retraction of solidarity with entire regions.

S: Terms like "human animals" or indeed "non-human animals" had already been used long before Israeli *hasbara*. By animal rights activists too, for example, though with completely different intentions: namely, to try to overcome the cognitive distinction between humans and animals. It was their attempt to bring humans back to their natural order and to combat through language the consequences of the Capitalocene, in which the animal became a commodity to be exploited. But even with this approach, as sensible as it is, we have struggled with the decentralisation of the human. The Israeli government employs the concept of the human animal, however, with a wholly other motivation: here, the so-called human being is relativised in order to legitimate their own state violence.

Rwandan Who Called Tutsis 'Cockroaches' in 1992 Gets Life Sentence

A man accused of encouraging the genocide in Rwanda has been sentenced to life in prison.

By Siobhán O'Grady, a staff writer at *Foreign Policy* from 2015–2016 and was previously an editorial fellow.

M: The example of animal rights activists is interesting because it shows that we are apparently unable to overcome this anthropocentricism. And, well, those who are thinking about it are also all so-called humans: the question is whether we're even in a position to think beyond the category of the human. Honestly, some of the animal rights

campaigns really disturb me, for example when
they speak of concentration camps or slavery
in the context of factory farming in the meat
industry. But on the other hand, it's described in
James Bridle's book how some animals organise
themselves in solidarity and try, for example,
to break out of a zoo; they have a comparable sense
for freedom and community. I understand that
the animal rights campaigns are trying to provoke
us to show solidarity with animals as they employ
references from human history, though for me
it always sounds like a relativisation of the human
experience, a somewhat misplaced equation of,
say, a calf and a child. I understand that it's a
mental hurdle, but – I'm being honest – I don't see
the equation. I also don't need it in order to speak
out in political terms against factory farming.

S: Or to claim that it's worse to eat a dog than a
chicken. With this kind of senseless comparison, entire cultures are often racially denigrated without
any interest in understanding that eating habits are
formed out of social, cultural, historical, economic,
geography and climatic conditions. We also saw
this during the COVID-19 pandemic when the food
consumption of the people in Wuhan suddenly
became the subject of a global political debate.
　Another criterion of consumption ethics that's
often used is the evaluation of certain animals'
intelligence. Some people refuse to eat an octopus
or a dolphin, for example, because these animals
are considered intelligent. To take intelligence
as a criterion for whether a life is worth preserving
or not is, however, once again a deeply anthro-
pocentric approach.

M: Value systems that take one's own body and culture as standards dominate not only our relations to animals. They also foreground the response to questions about whom among our fellow humans counts as capable and worthy of life and protection. When we manage to establish a relation to our own lives and to the lives of those around us that isn't founded on this kind of race ideology and value logic, that's when a more just world will become possible, I think.

S: In all military conflicts it's always those groups affected by violence that feel compelled to appeal to the people of this world. They have to remind others that they're also people; that their blood runs red and they, like other people, feel similar physical and psychological pain when injustices are done unto them. So-called human rights organisations work with a similar logic: they try to present oppressed groups through their humanism in order to prevent further violations of their rights and gain international support to achieve this. The fact that we have to be reminded of the humanity of every group affected by violence just goes to show how loosely knit the parameters of our empathy really are, how many lives they do not cover or hold. The logic behind this is that mutual recognition only works by way of similarity and proximity. Only when we can put ourselves in someone else's shoes or understand them completely are we prepared to grant them the rights we claim for ourselves. Do you know the saying, "Germans love dogs more than they love foreigners"?

M: Haha, yes. And it really comes across
that way sometimes.

S: For me as well! It's a cynical critique of the
racism of Germans. But it also presupposes that
we must categorically show the most empathy
towards life within our own species. I don't see it
that way. I think there are ways to consider the
racism of Germans without belittling other forms
of life. People shouldn't be racist and subject
others to violence, sure, but that doesn't mean
they must automatically show more love towards
other humans than non-human beings.

M: Hmm. That raises an ethical question that I do
find interesting on a theoretical level, but which
seems somewhat misguided as a political demand
– to demand more love for this or that being.
Much more interesting to me is to think about the
recurring tension between proximity and distance,
between security and hierarchy. For exploitation
to be carried out systematically and without
a bad conscience, it would appear that we have to
distinguish ourselves categorically. Apparently
mutual protection only becomes possible when
we come closer together and then charge this
closeness with symbolism. There is nothing
wrong with the fact that we organise ourselves
into groups to look after each other. Many
progressive approaches in evolutionary science
also emphasise that networks and cooperation
ensure survival, rather than this modern myth of

"the survival of the fittest". But they also point
out that one's own survival does not necessarily
have to be in conflict with the protection of others.
The constant competition for scarce resources
is ultimately a very particular consequence of our
capitalist system, in which a constant limitation
of protection and quality of life is maintained and
only a few may benefit from it.

So, the question would be, how can we get away
from this real hierarchisation and competition
with the help of solidarity networks? The fact that
we're standing before this unimaginable challenge
of feeling empathy for some people thousands
of kilometres from here, although nothing seems
to bind us other than the violence they are
subjected to, is itself a symptom of our globalised
world system, which is based on exploitation.
This exceeds our imaginations' emotional and
intellectual capacity – and it's no longer a
question of empathy but a systematic compulsion
and a connection that is thoroughly rotten,
corrupt and parasitic. I can't have real empathy
for the wretched of the earth as long as I'm
complicit in the damnation. This dilemma isn't
an emotional failure. To moralise feelings
gets us nowhere, instead we should work on
realistic responses to these conditions so that
other relationships can actually form.

There are enough examples in history of
transnational efforts that have sought collective
responses on the basis of alliances formed in
solidarity. I'm thinking here of the movement of
non-aligned states, for example, which withdrew
from the polarisation of the so-called Cold War
and strove for military disarmament in the
face of a looming Third World War. It was in this

context that the Afro-Asian People's Conference
took place in Cairo in 1957, from which a
common organisation emerged that aspired to
"genuine independence and the defense of
sovereignty against racist policies" as well as the
"right to choose their way of socio-economic
development." In 1968, the Havana Cultural
Congress took place with over 400 intellectuals
from over 70 countries, including the writer
Aimé Césaire as well as representatives of the
Caribbean Artists Movement, in order to discuss
(neo)colonialism in the cultural development of
the people and the responsibility of intellectuals
in this process. Regardless of their successes
or failures, these alliances created new relationships of cooperation and paved the way for new
conditions of relation.

S: I really believe that this compulsion towards
proximity and similarity as the basis of any form of
compassion is reductive and misguided. Relationships of solidarity should exist independently
of these things. Why do we keep falling into this
pattern of familial relationships in our attempts to
express empathy? I think of men, for example,
who become empathetic champions of the rights of
women and girls as soon as they become the fathers
of daughters – these men can only comprehend
patriarchal violence once they're reminded that
women within their own families are affected by it.
Or when adults express their understanding of
children's suffering in conflict situations by empha-
sising that they themselves are parents. We have
to get to a point where feeling is not always taken as
a condition for our political stance. Because we

can't force feelings from others, but we can ask of them that they uphold common values.

These kinds of relationships of trust and care already exist in this world. A comrade is, for example, a companion in a common fight – and we can feel responsibility in our comradeship without comparing it to a familial relation, like with our parents. Of course, this becomes more difficult with physical distance, and it doesn't get any simpler in the complex web of our economic relations and political power dynamics. But I'd say this is no excuse for failing to take on this task. In today's colonial-capitalist world, where even just our breakfast is bound up with the exploitation of land and life, we have to find a common response to these violent entanglements, which we did not necessarily choose for ourselves.

M: ... even if others appear so far away, we're entangled with them, if not through the sameness of our bodies and feelings, then through the violence of this, our world. Solidarity means taking responsibility for one another, together.

Appendix

Abbildungsverzeichnis / Image Credits

S./p. 14, 152
Tweet von / by @mattxiv, X,
15. Mai 2024, Bildschirmfoto von
den Autor*innen / Screenshot
taken by the authors

S./p. 17, 154
Tweet von / by @loggins_, X,
14. Mai 2021, Bildschirmfoto von
den Autor*innen / Screenshot
taken by the authors

S./p. 19, 156
Tweet von / by @Lauan_al, X,
26. April 2024, Bildschirmfoto
von den Autor*innen / screenshot
taken by the authors

S./p. 23, 161
#blacklivesmatter hashtag,
Instagram, Juni 2020, Bildschirmfoto von den Autor*innen /
screenshot taken by the authors

S./p. 25, 162
Japanischer Flyer für den Film /
Japanese flyer for the film *Voices
of Sarafina!* von / by Nigel Noble,
1990, ©Independent Film & Video
Co.

S./p. 28, 166
Solidaritätserklärung der
Liberation Tigers of Tamil Eelam
mit dem palästinensischen Volk /
Statement by the Liberation
Tigers of Tamil Eelam in Solidarity
with the People of Palestine,
veröffentlicht im / published in
SOLTS Magazine, 1986

S./p. 30, 168
Sowjetisch-afghanisches
Freundschaftsposter / Soviet-
Afghan friendship poster, 1980s

S./p. 33, 170
*Facebook's Tamil Censorship
Highlights Risk to Everyone*
von / by Sam Briddle, The
Intercept, 19. Januar 2022, Bildschirmfoto von den Autor*innen /
screenshot taken by the authors

S./p. 35, 172
*Facebook accused of inciting
ethnic violence in Ethiopia –
Focus* von / by Clothilde Hazard
and Olivia Bizot, France 24,
31. Januar 2024, Bildschirmfoto
von den Autor*innen / screenshot
taken by the authors

S./p. 38, 175
Demonstrationsschilder von
geflüchteten Menschen in
Wuppertal gegen Abschiebungen
nach Italien / Demonstration
banners by refugees in Wuppertal
against deportations to Italy, 5.
Juli 2017, Foto / photo: Dirk Lotze

S./p. 44, 180
Tweet von / by @sandeepbak, X,
16. Juni 2024, Bildschirmfoto
von den Autor*innen / screenshot
taken by the authors

S./p. 46, 182
Yuri Kochiyama im Gespräch
mit zwei Aktivisten in New York
in den 1970er Jahren / Yuri
Kochiyama speaking with two
activists in New York in the 1970s,
©Kochiyama family

S. / p. 48, 184
Tweet von / by @thatbitchlemon,
X, 11. April 2023, Bildschirmfoto
von den Autor*innen / screenshot
taken by the authors

S. / p. 52, 188
Tweet von / by @shailjapatel, X,
10. Dezember 2022, Bild-
schirmfoto von den Autor*innen /
screenshot taken by the authors

S. / p. 54, 189
Tweet von / by @ahmedbandzzz,
X, 29. Juli 2024, Bildschirmfoto
von den Autor*innen / screenshot
taken by the authors

S. / p. 56, 191
Post by / von khabar24.net,
Facebook, 19. Dezember 2022,
Bildschirmfoto von den
Autor*innen / screenshot taken
by the authors

S. / p. 58, 193
Museum der Befreiungsarmee
des sahrauischen Volkes / The
Museum of the Sahrawi People's
Liberation Army, Algerien /
Algeria, 2004, Wikimedia
Commons

S. / p. 60, 195
Meme, Bildschirmfoto von den
Autor*innen / screenshot taken
by the authors

S. / p. 62, 197
Tweet von / by @AxelKacoutie, X,
13. November 2023, Bild-
schirmfoto von den Autor*innen /
screenshot taken by the authors

S. / p. 64, 199
Tweet von / by @farooq_ro, X,
5. August 2024, Bildschirmfoto
von den Autor*innen / screenshot
taken by the authors

S. / p. 66, 200
Tweet von / by @DrKarimWafa, X,
8. Februar 2024, Bildschirmfoto
von den Autor*innen / screenshot
taken by the authors

S. / p. 70, 204
Tamilische Übersetzung des
Buchs *Exodus* (1958) von Leon
Uris / Tamil translation of the
book *Exodus* (1958) by Leon Uris,
Foto von / photo by the authors

S. / p. 71, 206
Post von / by whlwnews,
Instagram, 30. Juli 2024, Bildschirmfoto von den Autor*innen /
screenshot taken by the authors

S. / p. 73, 207
Tweet von / by @MomodouTaal,
X, 10. Juli 2024, Bildschirmfoto
von den Autor*innen / screenshot
taken by the authors

S. / p. 76, 212
Tweet von / by @NamPresidency,
X, 13. Januar 2024, Bild-
schirmfoto von den Autor*innen /
screenshot taken by the authors

S. / p. 78, 211
Story von / by
@memoriesofabiglife, Instagram,
Datum unbekannt /
date unknown, Bildschirmfoto
von den Autor*innen / screenshot
taken by the authors

S. / p. 81, 215
Tweet von / by @VIM_Media, X,
10. August 2024, Bildschirmfoto
von den Autor*innen / screenshot
taken by the authors

S. / p. 82, 216
Ukrainische Flagge am Reichs-
tagsgebäude anlässlich des
ersten Jahrestages des
russischen Angriffskrieges gegen
die Ukraine / Flag of Ukraine
at the Reichstag building on the
occasion of the first anniversary
of the Russian war of aggression
against Ukraine, Berlin,
24. Februar 2023. Foto / Photo:
Leon Kügeler, photothek

S. / p. 85, 218
Post von / by zdfheute, published
on Instagram, 24. Februar 2022,
Bildschirmfoto von den
Autor*innen / screenshot taken
by the authors

S. / p. 86, 219
*West dithers as Myanmar's
resistance pleads for help*
von / by Renaud Egreteau, Asia
Times, 20. Januar 2023, Bildschirmfoto von den Autor*innen /
screenshot taken by the authors

S. / p. 87, 221
Tweet von / by @PopularFront, X,
13. April 2022, Bildschirmfoto
von den Autor*innen / screenshot
taken by the authors

S. / p. 89, 222
Infografik / Info chart *Wo
Deutschland mit Rüstung
Geschäfte macht*, 2017

S. / p. 91, 224
Protest von Tamil*innen gegen
die Notlage ihres Volkes / Tamils
protest against the plight of
their people, London, 11. April
2009, Foto: unbekannt / photo:
unknown

S. / p. 98, 230
Tweet von / by @kuffir, X, 21. April
2021, Bildschirmfoto von den
Autor*innen / screenshot taken by
the authors

S. / p. 100, 232
Post von / by @levantinewitch, X,
11. August 2024, Bildschirmfoto
von den Autor*innen / screenshot
taken by the authors

S. / p. 101, 233
Tweet von / by @ATasarov, X,
12. August 2024, Bildschirmfoto
von den Autor*innen / screenshot
taken by the authors

S. / p. 103, 235
Story von / by uhleenuh's,
Tik Tok, Datum unbekannt / date
unknown, Bildschirmfoto von
den Autor*innen / screenshot
taken by the authors

S. / p. 104, 236
Kommentare auf TikTok /
comments on TikTok, Datum
unbekannt / date unknown, Bildschirmfoto von den Autor*innen /
screenshot taken by the authors

S. / p. 106, 237
Tweet von / by @visegrad24, X,
27. Juli 2024, Bildschirmfoto
von den Autor*innen / screenshot
taken by the authors

S. / p. 107, 238
Regierungskritische Demons-
trierende in Bangladesch
schwingen die palästinensische
Flagge / Anti-government
demonstrators in Bangladesh
wave the Palestinian flag,
August 2024, Bildschirmfoto von
den Autor*innen / screenshot
taken by the authors

S. / p. 109, 240
Tweet von / by @Palestine001_, X,
06. August 2024, Bildschirmfoto
von den Autor*innen / screenshot
taken by the authors

S. / p. 110, 242
Tweet von / by @wingsforus, X,
11. Oktober 2023, Bildschirmfoto
von den Autor*innen / screenshot
taken by the authors

S. / p. 117, 248
Film stills aus / from *Sri Lanka's
Killing Fields: War Crimes
Unpunished* von / by Callum
Macrae, 2011, ©ITN Productions

S. / p. 120, 251
Story von / by @justinbieber,
Instagram, Oktober 2023,
Bildschirmfoto von den
Autor*innen / screenshot taken
by the authors

S. / p. 121, 252
Tweet von / by @SaulStaniforth,
Instagram, 28. August 2024, Bildschirmfoto von den Autor*innen /
screenshot taken by the authors

S. / p. 123, 253
*Palestinians save cats amid an
ongoing Israeli genocide in Gaza*,
Almayadeen English, 09. August
2024, Bildschirmfoto von den
Autor*innen / screenshot taken
by the authors

S. / p. 124, 255
Banner bei Protesten gegen die
Diskrimierung der Papua vor dem
Nationaldenkmal in Jakarta /
Banner at protests against racial
discrimination against Papuans at
the National Monument complex
in Jakarta, 22. August 2019,
Foto / photo: Mas Agung Wilis
Yudha Baskoro

S. / p. 126, 257
Tweet von / by @ronnykareni, X,
10. Juni 2024, Bildschirmfoto
von den Autor*innen / screenshot
taken by the authors

S. / p. 129, 258
Der israelische Verteidigungs-
minister Yoaw Gallant ordnet die
„totale Belagerung" des Gaza-
streifens an / Israeli defense
minister Yoav Gallant ordered
'total siege' of Gaza, 09. Oktober
2023, Bildschirmfoto von den
Autor*innen / screenshot taken by
the authors

S. / p. 131, 261
*Rwandan Who Called Tutsis
'Cockroaches' in 1992 Gets Life
Sentence* by Siobhán O'Grady,
Foreign Policy, 15. April 2016, Bild-
schirmfoto von den Autor*innen /
screenshot taken by the authors

Es wurden jegliche Anstren-
gungen unternommen, die
Rechteinhaber*innen der ab-
gedruckten Abbildungen
ausfindig zu machen und ihre
Erlaubnis für deren Verwendung
einzuholen. Bitte kontaktieren
Sie den Verlag, sollten Ihnen
diesbezüglich Fehler auffallen,
die in zukünftigen Auflagen
dieses Buches verbessert
werden sollen.

Every effort has been made to
trace copyright holders and
to obtain their permission for the
use of copyright material. Please
contact the publisher to notify
of any corrections that should
be incorporated in future reprints
or editions of this book.

Autor*innen / Authors

சிந்துஜன் வரதராஜா (Sinthujan Varatharajah) lebt als freie*r Wissenschaftler*in und Essayist*in in Berlin. Sie*er studierte Politische Geografie und arbeitet zu den Themen Staatenlosigkeit, Mobilitäten und antikolonialem Widerstand mit einem besonderen Fokus auf Infrastrukturen, Logistiken und Baukulturen. வரதராஜா ist in der eelam-tamilischen Befreiungsbewegung organisiert und war über Jahre hinweg für verschiedene Menschen- und Asylrechtsorganisationen in London und Berlin tätig. Im September 2022 erschien ihr*sein Buch *an alle orte, die hinter uns liegen* im Hanser Verlag.

(Moshtari Hilal) مشتری هلال ist Künstlerin, Forscherin und Kuratorin und lebt in Hamburg. Sie ist Mitbegründerin des Kollektivs AVAH (Afghan Visual Arts and History) und des Forschungsprojekts CCC (Curating Through Conflict with Care). In Ihrer Arbeit, die künstlerische ebenso wie diskursive Formate beinhaltet, beschäftigt sie sich mit Schönheit, Hässlichkeit, Scham und Macht. Hilal hat Islamwissenschaft studiert mit einem Fokus auf Gender, dekoloniale Studien und Kulturwissenschaft in Hamburg, Berlin und London. Ihr Debütroman *Hässlichkeit* erschien im September 2023 im Hanser Verlag.

சிந்துஜன் வரதராஜா (Sinthujan Varatharajah) is a researcher and essayist based in Berlin. Having studied political geography, they now work on the subjects of statelessness, mobilities and anti-colonial resistance with a special focus on infrastructures, logistics and building cultures. வரதராஜா is embedded within the Eelam Tamil liberation movement and has worked for various human and asylum rights organisations in London and Berlin over the years. Their non-fiction book *an alle orte, die hinter uns liegen* (to all places that lie behind us) was published by Hanser Verlag in September 2022.

(Moshtari Hilal) مشتری هلال is an artist, researcher and curator who lives in Hamburg. She is a cofounder of the collective AVAH (Afghan Visual Arts and History) and the research project CCC (Curating Through Conflict with Care). In her work, which encompasses both artistic and discursive formats, she is concerned with beauty, ugliness, shame and power. Hilal studied Islamic Studies with a focus on gender, decolonial studies and Cultural Studies in Hamburg, Berlin and London. Her debut novel *Hässlichkeit* (Ugliness) was published by Hanser Verlag in September 2023.

Foto / Photo: Lilian Scarlet Löwenbrück

Foto / Photo: 张满玉 (Prissilya Junewin)

சிந்துஜன் வரதராஜா
(Sinthujan Varatharajah)
(Moshtari Hilal) مشتری هلال

Hierarchien der Solidarität
Hierarchies of Solidarity

Herausgeber / Editor:
Jonas von Lenthe

Übersetzung / Translation:
Miriam Stoney

Gestaltung / Graphic Design:
Rana Karan

Korrektorat / Proofreading:
Gabriele Bischoff
Bram Opstelten

Schrift / Typeface:
ABC Diatype
GT Alpina

Druck / Printing:
Tallinn Book Printers

©2024 Wirklichkeit Books, Berlin,
and the authors

Zweite Auflage / Second edition
2024

Erschienen im Verlag /
Published by:
Wirklichkeit Books, Berlin
info@wirklichkeitbooks.com
www.wirklichkeitbooks.com

ISBN 978-3-948200-18-3
Printed in the EU